中国浦东干部学院"新时代、新理论、新实践"系列教材

以人为核心的新型城镇化
——新时代中国城镇化道路

楚天骄◎编著

中共中央党校出版社
国家行政学院出版社

图书在版编目（CIP）数据

以人为核心的新型城镇化：新时代中国城镇化道路/楚天骄编著．--北京：国家行政学院出版社：中共中央党校出版社，2023.1

ISBN 978-7-5150-2760-9

Ⅰ．①以… Ⅱ．①楚… Ⅲ．①城市化-研究-中国 Ⅳ．①F299.21

中国国家版本馆 CIP 数据核字（2023）第 030173 号

以人为核心的新型城镇化——新时代中国城镇化道路

责任编辑	蔡锐华　徐　芳
责任印制	陈梦楠
责任校对	魏学静
出版发行	中共中央党校出版社
地　　址	北京市海淀区长春桥路 6 号
电　　话	（010）68922815（总编室）　　（010）68922233（发行部）
传　　真	（010）68922814
经　　销	全国新华书店
印　　刷	中煤（北京）印务有限公司
开　　本	710 毫米×1000 毫米　1/16
字　　数	191 千字
印　　张	13.75
版　　次	2023 年 1 月第 1 版　　2023 年 1 月第 1 次印刷
定　　价	46.00 元

微 信 ID：中共中央党校出版社　　邮　箱：zydxcbs2018@163.com

版权所有・侵权必究

如有印装质量问题，请与本社发行部联系调换

前　　言

习近平新时代中国特色社会主义思想是马克思主义中国化的最新成果，是全党全国人民的思想之旗、精神之魂，是我们党和国家一切工作的根本指针。中国浦东干部学院作为国家级干部院校，始终坚持"党校姓党"根本原则，紧紧围绕学懂弄通做实的目标要求，坚持不懈用习近平新时代中国特色社会主义思想铸魂育人。为了在干部教育培训中真正做到让习近平新时代中国特色社会主义思想入脑入心，做到学而懂、学而信、学而用，切实掌握习近平新时代中国特色社会主义思想精髓，学院立足自身功能定位，着眼凸显办学特色，集中精干力量，精心组织编写了"新时代、新理论、新实践"系列教材。

"新时代、新理论、新实践"系列教材以习近平新时代中国特色社会主义思想为统领，突出政治性、时代性、学理性和实践性。一是突出政治性。习近平新时代中国特色社会主义思想是马克思主义中国化最新成果，是21世纪的马克思主义，是指引全党夺取中国特色社会主义伟大胜利的思想灯塔和行动指南。教材聚焦习近平新时代中国特色社会主义思想的科学体系、丰富内涵、精神实质、核心要义，力争把贯穿其中的马克思主义立场、观点、方法讲清楚、讲透彻、讲到位。二是突出时代性。习近平新时代中国特色社会主义思想是在中国特色社会主义进入新时代的历史条件下创立和发展的。这一创新理论，贯通理论和实践、历史和现实、国际和国内，为在世界百年未有之大变局中实现中华民族伟大复兴指明了航向。教材紧紧跟进新精神、新要求、新实践，聚焦习近平新时代中国特色社会主义思想中体现的原创性思想进行研究和阐释，使党员干部深刻理解这一理论是立时代之基、答时代之问的时代精神的精华。三是突出学理性。本系列教材深刻把握习近平新时代中国特色社会主义思想的真理性、先进性，讲清楚其中蕴含的道理、学理、哲理。实现以理服人，以理释惑，把道说明，把理讲透，有逻辑框架，有学理支撑。四是突出实践性。本系列教材注重理论与实践的紧密结合，对丰富的实践案例进行理论分析，探究实践成果背后的理论指引，把运用习近平新时代中国特色社会主义思想攻坚克难的优秀案例吸收进来，把习近平总书记带领全党全国有效应对"三重冲击"取得的伟大实践成果吸收进来，把学院优秀的案例教学成果吸收进来，做到用实践讲理论、讲政治。本系列教材努力做到用科学的理论说服人，用深厚的学理滋养人，用生动的话语吸引人，用鲜活的实践指导人。

习近平新时代中国特色社会主义思想是博大精深、系统完备、逻辑严密、内涵丰富、内在统一的科学理论体系。体现了理论与实践相结合、历史与现实相贯通、认识论与方法论相统一的理论品格，需要从整体上把握，进行系统、全面、发展联系地去学习研究，深刻认识其真理性、先进性，努力把习近平新时代中国特色社会主义思想蕴含的历史逻辑、理论逻辑、实践逻辑研究明白。本系列教材的编写对于提升教师用学术讲政治的水平，更好地服务学院党的理论教育与党性教育，努力做学懂弄通做实习近平新时代中国特色社会主义思想的践行者、推动者，促使干部教育培训教材始终保持鲜活的生命力，为干部教育培训事业助力，为中国特色社会主义事业助力，将起到重要的推动作用。

前　言

　　系列教材以"新时代、新理论、新实践"为题，着重反映新时代党的创新理论最新进展，着力体现新时代运用党的创新理论所取得的实践经验，坚持问题导向、需求导向，从教学培训实际需求出发，聚焦学院功能定位、资源禀赋，围绕学院培训专题编写。

　　此外，在编写过程中，我们精心布局、精心组织，力求精品。系列教材由学院相关领域教师及国内本领域专家共同编写，邀请业内权威专家评审，历经数轮打磨，历时四年方得以完成。该项工作得到了中共中央党校出版社的大力支持，保障了教材的高质量出版。我们组织编写的这套教材仅仅是学习习近平新时代中国特色社会主义思想的初步尝试。由于我们水平有限，书中不足之处，敬请读者批评指正！

"新时代、新理论、新实践"教材编写委员会
2021 年 10 月

目录 CONTENTS

导　论 ·· 1

第一章　新时代我国走新型城镇化道路的背景 ················ 5
　一、新时代走新型城镇化道路意义重大 ······················· 5
　二、新时代走新型城镇化道路迫在眉睫 ······················· 9
　三、新时代走新型城镇化道路势在必行 ······················ 14

第二章　新时代走新型城镇化道路的指导思想和战略目标 ········ 17
　一、指导思想 ·· 17
　二、战略目标 ·· 19
　三、新型城镇化的样板——雄安新区 ·························· 20

第三章　有序推进农业转移人口市民化 ······················ 48
　一、推进农业转移人口市民化的现实基础和重要意义 ········· 48
　二、影响农业转移人口市民化的主要问题 ······················ 54
　三、推进农业转移人口市民化的政策框架 ······················ 58

第四章　优化城镇化布局和形态 ································ 68
　一、改革开放以来中国城镇化格局变动特征与趋势 ··········· 68
　二、我国城市规模分布演化和现状特征 ························ 73

三、充分发挥城市群的重要平台作用 …………………… 77
　　四、构建"两横三纵"城镇化战略格局 ………………… 86

第五章　提高城镇可持续发展能力 …………………………… 94
　　一、城镇可持续发展的内涵 ………………………………… 94
　　二、我国城镇可持续发展面临的问题 ……………………… 98
　　三、提高城市可持续发展能力的政策框架 ………………… 101
　　四、苏州工业园区提高城市可持续发展能力的实践 ……… 124

第六章　推动城乡融合发展 …………………………………… 135
　　一、我国城乡融合发展存在的障碍 ………………………… 135
　　二、完善城乡融合发展体制机制 …………………………… 139
　　三、加快农业现代化进程 …………………………………… 162
　　四、实施乡村建设行动 ……………………………………… 166

第七章　改革完善城镇化发展体制机制 ……………………… 174
　　一、推进人口管理制度改革 ………………………………… 174
　　二、深化土地管理制度改革 ………………………………… 178
　　三、创新城镇化资金保障机制 ……………………………… 187
　　四、完善生态环境保护制度体系和机制 …………………… 194

参考文献 …………………………………………………………… 207

导 论
INTRODUCTION

习近平总书记在中国共产党第十九次全国代表大会上所作的题为《决胜全面建成小康社会　夺取新时代中国特色社会主义伟大胜利》的报告中指出,经过长期努力,中国特色社会主义进入了新时代,这是我国发展新的历史方位。

城市是社会发展的基石。党的十八大以来,党中央、国务院就深入推进新型城镇化建设作出了一系列重大决策部署,城镇化扎实有序推进。来自国家统计局的数据显示,截至2021年末,我国常住人口城镇化率达到64.72%,而1978年末我国常住人口城镇化率仅为17.9%。与1978年相比,我国城市数量增加486个,建制镇数量增加16568个。在城镇化率快速提高,城镇数量大幅增加的过程中,城市面貌也焕然一新。从改革开放初期到2019年,城市道路长度由2.7万公里增加到45.9万公里,增长了16倍,道路长度居世界前列;城市轨道交通线路长度由23.6公里增加到6058.9公里,增长了255倍,轨道交通线路长度居世界第一;城市用水普及率由57.7%提高到98.8%,提高了41.1个百分点,已基本达到发达国家水平;城市污水处理率由14.9%提高到96.8%,提高了81.9个百分点,污水处理厂处理能力居世界第一;城市燃气普及率由11.6%提高到97.3%,提高了85.7个百分点,已基本达到发达国家水平;城市公园绿地面积7560平方公里,比1981年增长了33倍;城市建成区绿化覆盖率达41.5%,比1986年提高24.6个百分点。这一发展成果,被国际社会看作中国发展的奇迹之一。

然而，新型城镇化必然是"人"的城镇化。在相当长的时间里，中国的户籍人口城镇化率一直低于常住人口城镇化率。截至2020年末，中国户籍人口城镇化率为45.4%，比常住人口城镇化率低18.49个百分点。可见，推进以人为本的城镇化，首先要实现农业转移人口市民化。2019年12月，中共中央办公厅、国务院办公厅印发了《关于促进劳动力和人才社会性流动体制机制改革的意见》，全面取消城区常住人口300万以下的城市落户限制，全面放宽城区常住人口300万至500万的大城市落户条件，极大地破除了妨碍劳动力、人才社会性流动的体制机制弊端。2021年1月31日，中共中央办公厅、国务院办公厅印发的《建设高标准市场体系行动方案》提出，"除超大、特大城市外，在具备条件的都市圈或城市群探索实行户籍准入年限同城化累计互认，试行以经常居住地登记户口制度，有序引导人口落户"。可以预见，未来中国户籍人口城镇化率提高的速度会更快，与常住人口城镇化率之间的差距会不断缩小。

新时代推进新型城镇化必须遵循新的指导思想，树立新的战略目标，将重点放在有序推进农业转移人口市民化、优化城镇化布局和形态、提高城镇可持续发展能力、推动城乡融合发展以及改革完善城镇化发展体制机制等五个方面。实际上，党的十八大以来，尤其是十九大召开以后，中央政府和地方政府围绕新型城镇化的理论和实践都进行了积极的探索，涌现出很多创新性的成果，有力地促进了新型城镇化的推进。

城镇化是经济社会发展的必然趋势，是衡量国家和地区经济社会发展水平的标志之一。新中国成立70多年来，尤其是改革开放以来，城镇化水平显著提高。作为一个人口大国，中国的城镇化对中国乃至世界的发展都将产生重大的影响。美国著名经济学家斯蒂格利茨指出，世界最大的发展中国家——中国的城市化与世界发达国家——美国的高科技发展，将是深刻影响21世纪人类发展的两大重要课题。因此，新时代

导 论

中国城镇化新的发展道路及其经验无疑是世界城镇化的宝贵财富，将对世界城镇化的健康可持续发展提供有益的借鉴。

本书以新时代推进新型城镇化为贯穿全书的主线，以时间为纵轴，以空间为横轴，动态讨论城镇化涉及的经济、社会、文化、生态的演变历程，全方位展示新中国成立以来尤其是改革开放以来城镇化的发展路径和现状特点，并在新的历史起点上，按照中央对中国新型城镇化发展的战略定位和具体要求，科学诊断目前在推进新型城镇化过程中存在的突出问题，深入分析这些问题的历史成因，梳理和总结新时期推动新型城镇化发展政策框架和具体措施。

本书共包括七章内容。

第一章主要描述中国推进新型城镇化的背景，了解中央提出推进新型城镇化道路的重大意义，深刻分析中国城镇化存在的问题，并指出新时代推进新型城镇化发展的现实性和紧迫性。

第二章阐述新时代走新型城镇化道路的指导思想和战略目标，并以雄安新区为例，通过详细描述雄安新区在学科方法论指导下编制的总体规划的特点，指出雄安新区作为新型城镇化的样板，对帮助各地区深刻理解新时代新型城镇化的指导思想并在工作实践中加以贯彻落实具有重要的启发作用。

第三章阐释有序推进农业转移人口市民化的重要意义，分析影响农业转移人口市民化的关键问题，并给出推进农业转移人口市民化的政策框架。

第四章论述如何优化城镇化布局和形态。改革开放以来中国城镇化格局一直在分散与集中之间摇摆，目前已经出现再次集中化的趋势，在政策走向上，要充分发挥城市群的重要平台作用，构建"两横三纵"的城镇化战略格局。

第五章讨论提高城镇可持续发展能力。城镇可持续发展有特定的内涵，当前我国城镇可持续发展面临着五个方面的障碍，本章着重阐述为破除这些障碍构建的政策框架体系,并以苏州工业园区为例介绍了地方的创新实践。

第六章在分析我国城乡融合发展存在的障碍的基础上,探讨如何通过完善城乡融合发展体制机制、加快农业现代化进程、建设社会主义新农村来促进城乡融合发展。

第七章就推进新型城镇化涉及的人口管理、土地管理、财税金融和生态环境等重点领域和关键环节的体制机制改革问题进行讨论,探讨如何为完善城镇化健康发展体制机制扫清障碍。

第一章　新时代我国走新型城镇化道路的背景

在一个超过14亿人口的发展中大国，如何走出一条符合自身实际、具有自己特色的新型城镇化道路，是一个宏大而深远的时代命题。党的十八大以来，以习近平同志为核心的党中央高瞻远瞩，站在时代发展的制高点，从中国经济社会发展的现实出发，以宽广的战略视野，坚持全面深入推进以人为核心的新型城镇化建设，贯彻落实创新、协调、绿色、开放、共享的发展理念，从聚焦"走出一条新路"到明确城市发展"路线图"，从提出解决"三个1亿人"① 目标到新型城镇化试点，描绘出一幅以人为本、四化同步、优化布局、生态文明、文化传承的中国特色新型城镇化宏伟蓝图，为经济持续健康发展提供持久强劲动力。

一、新时代走新型城镇化道路意义重大

城镇化是伴随工业化发展，非农产业在城镇集聚、农村人口向城镇集中的自然历史过程，是人类社会发展的客观趋势，是国家现代化的重要标志。以促进人的城镇化为核心、提高质量为导向的新型城镇化战略，是新时代中国特色社会主义发展的重要实践，是建设现代化国家的关键举措，也是实施乡村振兴战略和区域协调发展战略的有力支撑。按

---

① 国务院总理李克强2014年3月5日在十二届全国人大二次会议上作政府工作报告时提出，今后一个时期，着重解决好现有"三个1亿人"问题，促进约1亿农业转移人口落户城镇，改造约1亿人居住的城镇棚户区和城中村，引导约1亿人在中西部地区就近城镇化。

照建设中国特色社会主义五位一体总体布局，顺应发展规律，因势利导，趋利避害，积极稳妥扎实有序推进新型城镇化，对全面建成小康社会、全面建设社会主义现代化强国、实现中华民族伟大复兴的中国梦，具有重大的现实意义和深远的历史意义。2013年12月，中央城镇化工作会议在北京召开。这是改革开放以来中央召开的第一次城镇化工作会议。2015年12月，中央城市工作会议在北京召开。这次会议，距上一次中央城市工作会议已经过去了37年。2016年2月，中共中央、国务院《关于进一步加强城市规划建设管理工作的若干意见》印发，文件勾勒出中国特色的城市发展"路线图"。几年之中，两次召开最高规格的城镇化专门会议，数次颁发总体性、政策性举措，彰显了城镇化在经济社会发展中的重要性：走什么样的城镇化道路，不仅直接关系到城镇化质量水平和可持续发展，而且关系到城镇化的出发点和落脚点——为了谁，更关系到如何在新常态下推动中国经济全面转型升级。

1. 城镇化是现代化的必由之路

工业革命以来的经济社会发展史表明，一个国家要想成功地实现现代化，就必须实现工业化和城镇化的同步发展，只注重工业化而忽视城镇化，就会出现需求增长乏力、工业发展不可持续等问题。当今中国，城镇化与工业化、信息化和农业现代化同步发展，是现代化建设的核心内容，彼此相辅相成。工业化处于主导地位，是发展的动力；农业现代化是重要基础，是发展的根基；信息化具有后发优势，为发展注入新的活力；城镇化是重要的载体和平台，为工业化和信息化提供发展空间，带动农业现代化加快发展，在"四化"中发挥着不可替代的融合作用。

2. 新型城镇化是保持经济持续健康发展的强大引擎

内需是我国经济发展的根本动力，扩大内需的最大潜力就在于城镇化。2021年末，我国常住人口城镇化率为64.72%，远低于发达国家80%的平均水平，还有较大的发展空间。随着城镇化水平的持续提高，会使更多农民通过转移就业提高收入，通过从农民到市民的身份转换，享受到更好的公共服务。与此同时,农民向市民的转换使城镇消费群体不断扩大、消费结构不断升级、消费潜力不断释放,带来城市基础设施、公共服务设施和住宅建设等巨大投资需求,从而为经济发展提供源源不断的动力。

3. 新型城镇化是加快产业结构转型升级的重要抓手

在我国,产业结构转型升级是转变经济发展方式的战略任务,加快发展服务业是产业结构优化升级的主攻方向。2021年,我国第三产业增加值为609680亿元,占GDP的比重为53.3%,与发达国家74%的平均水平仍有较大差距。城镇是服务业的最大载体,服务业发展水平的提升依赖于城镇化水平的提高。在城镇化过程中,人口日益集聚、生活方式不断变革、生活水平逐步提高,生活性服务业需求会持续增加;生产要素在城市集聚,生产分工更加精细,对生产性服务业的需求也会不断增加。空间紧凑的城镇还有利于创新要素集聚和知识传播扩散,有利于增强创新活力,驱动传统产业升级和新兴产业发展。

4. 新型城镇化是解决农业农村农民问题的重要途径

我国农村人口过多、农业水土资源紧缺,在城乡二元体制下,土地规模经营难以推行,传统生产方式难以改变,这是"三农"问题的根源。我国人均耕地仅0.1公顷,农户户均土地经营规模约0.6公顷,远远达不到农业规模化经营的门槛。城镇化总体上有利于集约节约利用土地,为发展现代农业腾出宝贵空间。随着农村人口逐步向城镇转移,农民人均资源占有量相应增加,可以促进农业生产规模化和机械化,提高农业现代化水平和农民生活水平。城镇经济实力提升,会进一步增强以工促农、以城带乡能力,加快农村经济社会发展。

5. 新型城镇化是推动区域协调发展的有力支撑

改革开放以来,我国东部沿海地区率先开放发展,形成了京津冀、长江三角洲、珠江三角洲等一批城市群,有力推动了东部地区快速发展,成为国民经济重要的增长极。但与此同时,中西部地区发展相对滞后，一个重要原因是城镇化发展很不平衡，中西部城市发育明显不足。2020年末，上海、北京、天津常住人口城镇化水平最高，均在80%以上；广东、江苏、浙江、辽宁等东部地区的城镇化率在70%左右；云南、甘肃、贵州、西藏城镇人口比重低于50%（图1—1）。随着西部大开发和中部崛起战略的深入推进，东部沿海地区产业转移加快，在中西部资源

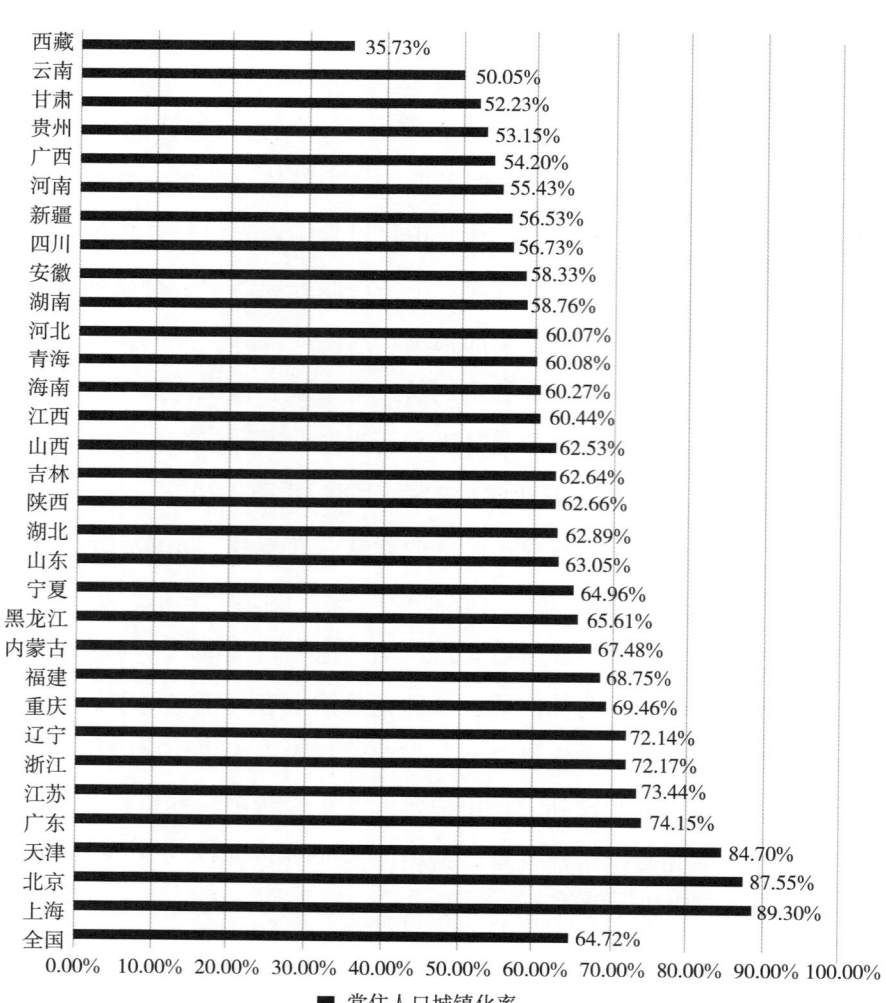

图1—1　2020年全国各省市常住人口城镇化率

资料来源：根据2020年第七次全国人口普查主要数据绘制。

环境承载能力较强地区，加快城镇化进程，培育形成新的增长极，有利于促进经济增长和市场空间由东向西、由南向北梯次拓展，推动人口经济布局更加合理、区域发展更加协调。

6. 新型城镇化是促进社会全面进步的必然要求

城镇化作为人类文明进步的产物，既能提高生产活动效率，又能富裕农民、造福人民，全面提升生活质量。随着城镇经济的繁荣，城镇功能的完善，公共服务水平和生态环境质量的提升，人们的物质生活会更加殷实充裕，精神生活会更加丰富多彩；随着城乡二元体制逐步破除，城市内部二元结构矛盾逐步化解，全体人民将共享现代文明成果。这既有利于维护社会公平正义、消除社会风险隐患，也有利于促进人的全面发展和社会和谐进步。

二、 新时代走新型城镇化道路迫在眉睫

改革开放以来，伴随着工业化进程加速，我国城镇化经历了一个起点低、速度快的发展过程。1978—2021年，城镇常住人口从1.7亿人增加到9.0亿人，城镇化率从17.9%提升到64.72%（图1—2），年均提高1.04个百分点；城市数量从193个增加到679个，建制镇数量从2173个增加到18744个。京津冀、长江三角洲、珠江三角洲三大城市群，以2.8%的国土面积集聚了18%的人口，创造了36%的国内生产总值，成为带动我国经济快速增长和参与国际经济合作与竞争的主要平台。城市水、电、路、气、信息网络等基础设施显著改善，教育、医疗、文化体育、社会保障等公共服务水平明显提高，人均住宅、公园绿地面积大幅增加。城镇化的快速推进，吸纳了大量农村劳动力转移就业，提高了城乡生产要素配置效率，推动了国民经济持续快速发展，带来了社会结构深刻变革，促进了城乡居民生活水平全面提升，取得的成就举世瞩目。

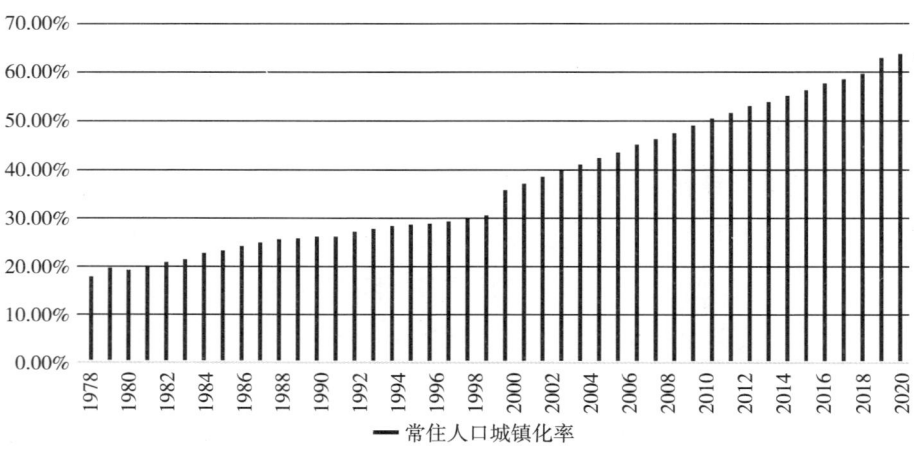

图 1—2　中国人口城镇化率变化（1978—2021 年）

资料来源：根据中国国家统计局数据绘制。

必须引起高度重视的是，在城镇化快速发展过程中，也存在一些必须高度重视并着力解决的突出矛盾和问题。

1. 农业转移人口融入城市社会困难，市民化滞后

改革开放以后，随着中国户籍管理制度的松动，大量农村劳动力涌入城市和沿海发达地区。这些农村劳动力的流动具有数量大、范围广、影响深刻的特点，是中国历史上最大规模的人口流动。农民工流动自1984 年兴起，20 世纪 80 年代末外出农民工只有 3000 万人，几经曲折，到 2012 年外出农民工已达到 2.26 亿人。由于城镇，特别是大城市的生活居住"门槛"过高、农民又拥有耕地的使用权和宅基地与自留地等原因，进城打工的人口中，只有 17％在城镇定居成为真正的城镇人口，还有 83％是"候鸟型"流动人口。尽管农民工已成为我国产业工人的主体，但是，受城乡分割的户籍制度影响，被统计为城镇人口的 2 亿多农民工及其随迁家属，未能在教育、就业、医疗、养老、保障性住房等方面享受同城镇居民相同的基本公共服务，产城融合不紧密，产业集聚与人口集聚不同步，城镇化滞后于工业化。城镇内部出现新的二元矛盾，农村留守儿童、妇女和老人问题日益凸显，给经济社会发展带来诸多风险隐患。

2. "土地城镇化"快于人口城镇化，建设用地粗放低效

一些城市"摊大饼"式扩张。主要表现为工业开发区粗放扩张。一些城市在发展建设中热衷于扩张工业用地规模，工业开发区动辄占地上百平方千米。一些地方工业园区设立过多过滥，导致恶性竞争，人为压低企业发展成本，造成产能大量过剩，还出现了城市建设追求奢华的不良倾向。一些城市热衷于建设高标准、高耗能、大体量、造价昂贵的"标志性工程"。有不少城市喜欢造人工景观水面，甚至在西北缺水地区也大搞人工湖；山地城市不顾地形地貌限制搞大面积棋盘式城市布局，而与城乡居民生活密切相关的公益性服务和民生工程投入却不足。宽马路、大广场，新城新区、开发区和工业园区占地过大，造成建成区人口密度偏低。1996—2010年，全国建设用地年均增加724万亩，其中城镇建设用地年均增加357万亩；2010—2012年，全国建设用地年均增加953万亩，其中城镇建设用地年均增加515万亩。2000—2011年，城镇建成区面积增长76.4%，远高于城镇人口50.5%的增长速度；农村人口减少1.33亿人，农村居民点用地却增加了3045万亩。一些地方过度依赖土地出让收入和土地抵押融资推进城镇建设，加剧了土地粗放利用，浪费了大量耕地资源，威胁到国家粮食安全和生态安全，也加大了地方政府性债务等财政金融风险。

3. 城镇空间分布和规模结构不合理，与资源环境承载能力不匹配

东部一些城镇密集地区资源环境约束趋紧，中西部资源环境承载能力较强地区的城镇化潜力有待挖掘；城市群布局不尽合理，城市群内部分工协作不够、集群效率不高；部分特大城市主城区人口压力偏大，与综合承载能力之间的矛盾加剧；中小城市集聚产业和人口不足，潜力没有得到充分发挥；小城镇数量多、规模小、服务功能弱，这些都增加了经济社会和生态环境成本。与此同时，资源危机已经成为中国城镇化发展的"瓶颈"，资源紧缺与资源浪费现象同时并存且严峻考验着中国城镇化的可持续发展。仅以水资源为例，中国人均淡水资源只有2290立方米，而且分布极不平均。随着城镇化人口的剧增，生产用水和生活用水大幅上升，加上江河湖泊等地表水及地下水水质遭到严重污染，城市的空间布局与水资源承载能力不相适应的问题越来越突出。目前，全国有近400个城市缺水，其中，约200个城市严重缺水。

4. 城市管理服务水平不高，"城市病"问题日益凸显

由于一些城市长期重经济发展、轻环境保护，重城市建设、轻管理服务，导致"城市病"日益凸显。首先是市民居住条件有待进一步改善，配套设施严重不足，设施老化问题普遍存在。其次是居民出行不便捷。许多城市交通拥堵严重，且呈蔓延之势，城市中心地区高峰时段的平均车速普遍低于每小时20公里。再次是社会服务设施建设难以满足需求。中心城市教育、医疗资源丰富，但为周边地区提供服务的能力不足。与城市居民生活密切相关的社区级医院、文化馆、图书馆、体育设施、青少年活动中心、老年活动中心等设施匮乏，缺少日常维护和管理经费。社会设施服务水平难以满足广大人民日益增长的美好生活需要。城市外围和城乡接合部地区社会服务设施建设跟不上，布局不合理。最后是城市安全存在隐患。全国一半以上的城市存在缺水、供水系统老化等问题；全国城市生活垃圾累积堆存量已达60亿吨，并以平均每年4.8%的速度持续增长，城市周边存在大量"垃圾山"；大气污染加剧，部分城市的居民生活在Ⅲ类及劣Ⅲ类大气环境条件下；城市抵抗自然灾害的能力弱，因气候原因或人为事故造成城市功能瘫痪的事时有发生。

5. 自然历史文化遗产保护不力，城乡建设缺乏特色

城市是人类在历史文明发展进程中改造自然的基础上创造的聚居地。城市文化遗产是城市历史的见证，保护城市文化遗产就是保护该城市的记忆。历史建筑和文物遗存以其独特性、不可复制和不可再生性，往往成为一个城市独一无二的发展见证，甚至成为一个城市及城市所在地区的重要象征和代名词。保护历史文化遗产是建设现代特色城市的基础。城市特色是一个城市的生命,是此城市区别于其他城市的重要之处。城市文化遗产是城市发展的重要资源。文化被誉为"经济发展的原动力",这一点已经成为许多大城市促进地方经济、社会均衡和谐发展的重要力量。改革开放以来,我国城市建设在众多领域取得了举世瞩目的辉煌成就,一些城市在物质建设不断取得新进展的同时,在城市文化建设方面重视不够,导致城市记忆消失、城市面貌趋同、城市建设失调、城市形象低俗、城市精神衰落、城市文化沉沦。在一些农村地区也出现了大拆大建、照搬城市小区模式建设新农村,简单用城市元素与风格取代传统民居和田园风光的错误做法,导致乡土特色和民俗文化大量流失。

6. 体制机制不健全,阻碍了城镇化健康发展

现行城乡分割的户籍管理、土地管理、社会保障制度,以及财税金融、行政管理等制度,固化着已经形成的城乡利益失衡格局,制约着农业转移人口市民化,阻碍着城乡发展一体化。当前城市行政层级过多,包括省级、副省级、地级、县级、乡级(建制镇)等五个层级,多层级的政府机构设置导致各级城市政府之间存在利益博弈,致使城市资源更多集中于中心城市,限制了以市场力量推动的城镇区域合理布局的形成。同时,在行政等级主导的城市体制下,不同城市区域之间存在着行政分割现象,各城市之间缺乏横向合作机制,制约了区域性的公平、有序与自由竞争的统一市场的形成,限制了城市群、城市圈、城市带的发展壮大。长期存在的城乡二元化体制使农业转移人口城镇化进程缓慢。这些年来,中小城市落户比较宽松,但一线城市、特大城市的落户,相对来讲仍然存在一定的门槛。比如,北京制定了积分入户的标准,这些是倾向于社会精英人群,但是对于农民工,则需要考虑他们的实际需要,考虑城市就业各个不同的层次。在政府推动型的城镇化发展模式下,中国城镇化建设资金以政府投资为主,但是地方政府债务高企、部分地区上涨较快、管理滞后，建设资金压力大，短期内集中性的大规模城镇化建设，可能使地方政府财政和金融的系统性风险加大。

三、新时代走新型城镇化道路势在必行

世界城镇化的历史表明，一般说来，一个国家的城镇化水平在达到30%以后就进入快速城镇化阶段，达到70%以后发展就趋于缓慢（图1—3）。目前，我国仍处于城镇化率30%～70%的快速发展区间，但延续过去传统粗放的城镇化模式，会带来产业升级缓慢、资源环境恶化、社会矛盾增多等诸多风险，可能落入"中等收入陷阱"，进而影响现代化进程。随着内外部环境和条件的深刻变化，城镇化必须进入以提升质量为主的转型发展新阶段。

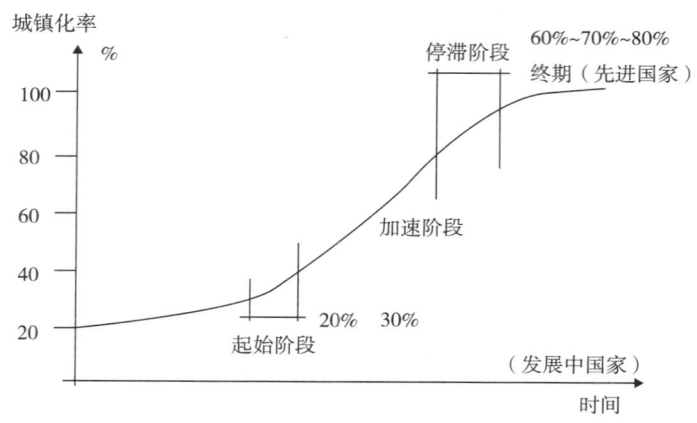

图1—3 城镇化发展阶段示意图

资料来源：楚天骄、王国平、朱远等：《中国城镇化》，人民出版社2016年版。

1. 城镇化发展面临的外部挑战日益严峻

在全球经济再平衡和产业格局再调整的背景下，全球供给结构和需求结构正在发生深刻变化，庞大生产能力与有限市场空间之间的矛盾更

加突出，国际市场竞争更加激烈。我国面临产业转型升级和消化严重过剩产能的挑战巨大，发达国家能源资源消费总量居高不下，人口庞大的新兴市场国家和发展中国家对能源资源的需求迅速膨胀，全球资源供需矛盾和碳排放权争夺更加尖锐，我国能源资源和生态环境面临的国际压力前所未有，传统高投入、高消耗、高排放的工业化城镇化发展模式难以为继。

2. 城镇化转型发展的内在要求更加紧迫

随着我国农业富余劳动力减少和人口老龄化程度提高，主要依靠劳动力廉价供给推动城镇化快速发展的模式不可持续；随着资源环境瓶颈制约日益加剧，主要依靠土地等资源粗放消耗推动城镇化快速发展的模式不可持续；随着户籍人口与外来人口公共服务差距造成的城市内部二元结构矛盾日益凸显，主要依靠非均等化基本公共服务压低成本推动城镇化快速发展的模式不可持续。工业化、信息化、城镇化和农业现代化发展不同步，导致农业根基不稳、城乡区域差距过大、产业结构不合理等问题突出。我国城镇化发展由速度型向质量型转型势在必行。

3. 城镇化转型发展的基础条件日趋成熟

习近平总书记对新型城镇化的一系列重要论述，为中国推进新型城镇化指明了方向。中央城镇化工作会议的召开、《中国国家新型城镇化规划（2014—2020年）》的出台、中央城市工作会议的召开，为城镇化转型发展提供了政策依据。改革开放40多年来，我国经济快速增长，为城镇化转型发展奠定了坚实的物质基础。国家着力推动基本公共服务均等化，为农业转移人口市民化创造了条件。交通运输网络的不断完善、节能环保等新技术的突破应用，以及信息化的快速推进，为优化城镇化空间布局和形态，推动城镇可持续发展提供了有力支撑。各地在城镇化方面进行了积极有效的改革探索，为创新体制机制积累了实践经验。

以人为核心的新型城镇化
YI REN WEI HEXIN DE XINXING CHENGZHENHUA

1. 为什么说新时代必须走新型城镇化道路？

2. 改革开放以来，中国的城镇化取得了哪些成就？存在哪些突出问题？

3. 我国推进新型城镇化有哪些有利条件？

第二章　新时代走新型城镇化道路的指导思想和战略目标

我国的新型城镇化必须高举中国特色社会主义伟大旗帜，以邓小平理论、"三个代表"重要思想、科学发展观、习近平新时代中国特色社会主义思想为指导，紧紧围绕全面提高城镇化质量加快转变城镇化发展方式，以人的城镇化为核心，有序推进农业转移人口市民化；以城市群为主体形态，推动大中小城市和小城镇协调发展；以综合承载能力为支撑，提升城市可持续发展水平；以体制机制创新为保障，通过改革释放城镇化发展潜力，走以人为本、四化同步、优化布局、生态文明、文化传承的中国特色新型城镇化道路，促进经济转型升级和社会和谐进步，为全面建设现代化国家、加快推进社会主义现代化、实现中华民族伟大复兴的中国梦奠定坚实基础。

一、指导思想

新型城镇化是以城乡统筹、产城互动、集约节约、生态宜居、和谐发展为基本特征的城镇化，是大中小城市、小城镇、新型农村社区协调发展、互促共进的城镇化。新型城镇化的核心在于不以牺牲农业和农村、生态和环境为代价，着眼农民，涵盖农村，实现城乡基础设施一体化和公共服务均等化，促进经济社会发展，实现共同富裕。

1. 以人为本，公平共享

以人的城镇化为核心，合理引导人口流动，有序推进农业转移人口市民化，稳步推进城镇基本公共服务常住人口全覆盖，不断提高人口素质，促进人的全面发展和社会公平正义，使全体居民共享现代化建设成果。

2. 四化同步，统筹城乡

推动信息化和工业化深度融合、工业化和城镇化良性互动、城镇化和农业现代化相互协调，促进城镇发展与产业支撑、就业转移和人口集聚相统一，促进城乡要素平等交换和公共资源均衡配置，形成以工促农、以城带乡、工农互惠、城乡一体的新型工农、城乡关系。

3. 优化布局，集约高效

根据资源环境承载能力构建科学合理的城镇化宏观布局，以综合交通网络和信息网络为依托，科学规划建设城市群，严格控制城镇建设用地规模，严格划定永久基本农田，合理控制城镇开发边界，优化城市空间结构，促进城市紧凑发展，提高国土空间利用效率。

4. 生态文明，绿色低碳

把生态文明理念全面融入城镇化进程，着力推进绿色发展、循环发展、低碳发展，节约集约利用土地、水、能源等资源，强化环境保护和生态修复，减少对自然的干扰和损害，推动形成绿色低碳的生产生活方式和城市建设运营模式。

5. 文化传承，彰显特色

根据不同地区的自然历史文化禀赋，体现区域差异性，提倡形态多样性，防止千城一面，发展有历史记忆、文化脉络、地域风貌、民族特点的美丽城镇，形成符合实际、各具特色的城镇化发展模式。

6. 市场主导，政府引导

正确处理政府和市场关系，更加尊重市场规律，坚持使市场在资源配置中起决定性作用，更好发挥政府作用，切实履行政府制定规划政策、提供公共服务和营造制度环境的重要职责，使城镇化成为市场主导、自然发展的过程，成为政府引导、科学发展的过程。

二、战略目标

1. 城镇化水平和质量稳步提升

按照《中华人民共和国国民经济和社会发展第十四个五年规划和2035年远景目标纲要》，在"十四五"时期经济社会发展主要目标中明确"常住人口城镇化率提高到65%"，并进一步强调"十四五"时期，要坚持走中国特色新型城镇化道路，深入推进以人为核心的新型城镇化战略，以城市群、都市圈为依托促进大中小城市和小城镇协调联动、特色化发展，使更多人民群众享有更高品质的城市生活。

2. 城镇化格局更加优化

"两横三纵"为主体的城镇化战略格局基本形成，城市群集聚经济、人口能力明显增强，东部地区城市群一体化水平和国际竞争力明显提高，中西部地区城市群成为推动区域协调发展的新的重要增长极。城市规模结构更加完善，中心城市辐射带动作用更加突出，中小城市数量增加，小城镇服务功能增强。

3. 城市发展模式科学合理

密度较高、功能混用和公交导向的集约紧凑型开发模式成为主导，人均城市建设用地严格控制在100平方米以内，建成区人口密度逐步提高。绿色生产、绿色消费成为城市经济生活的主流，节能节水产品、再生利用产品和绿色建筑比例大幅提高。城市地下管网覆盖率明显提高。

4. 城市生活和谐宜人

稳步推进义务教育、就业服务、基本养老、基本医疗卫生、保障性住房等城镇基本公共服务覆盖全部常住人口，基础设施和公共服务设施更加完善，消费环境更加便利，生态环境明显改善，空气质量逐步好转，饮用水安全得到保障。自然景观和文化特色得到有效保护，城市发展个性化，城市管理人性化、智能化。

5. 城镇化体制机制不断完善

户籍管理、土地管理、社会保障、财税金融、行政管理、生态环境等制度改革取得重大进展，阻碍城镇化健康发展的体制机制障碍基本消除。

三、新型城镇化的样板——雄安新区

（一）设立雄安新区是一项重大的历史性战略选择

设立雄安新区是以习近平同志为核心的党中央作出的一项重大的历史性战略选择。雄安新区是继深圳经济特区和上海浦东新区之后又一具有全国意义的新区，是千年大计、国家大事。

党的十八大以来，习近平总书记多次深入京津冀三省市考察调研，主持召开会议研究和部署实施，作出一系列重要指示批示，倾注了大量心血。

2013年5月，习近平总书记在天津调研时指出，要谱写新时期社会主义现代化的京津"双城记"。同年8月，在北戴河主持研究河北发展问题时，他强调要推动京津冀协同发展。2014年2月，他考察北京市并主持召开座谈会，明确提出京津冀协同发展的重大战略。

"建设和管理好首都，是国家治理体系和治理能力现代化的重要内容。""要坚持和强化首都核心功能，调整和弱化不适宜首都的功能，把一些功能转移到河北、天津去，这就是大禹治水的道理。"习近平总书记的讲话高屋建瓴。

2015年2月10日，中央财经领导小组第9次会议审议研究京津冀协同发展规划纲要。习近平总书记在讲话中提出"多点一城、老城重组"的思路。"一城"就是要研究思考在北京之外建设新城问题。

2016年3月24日，习近平总书记主持召开中共中央政治局常委会

第二章 新时代走新型城镇化道路的指导思想和战略目标

会议,听取北京市行政副中心和疏解北京非首都功能集中承载地有关情况的汇报,确定了新区规划选址,同意定名为"雄安新区"。

2017年4月1日,中央宣布设立雄安新区。早在谋划设立新区之时,习近平总书记就郑重告诫:雄安新区将是我们留给子孙后代的历史遗产。2017年2月23日,习近平总书记到河北雄安新区考察并主持召开座谈会。他指出,建设雄安新区是一项历史性工程,一定要保持历史耐心,有"功成不必在我"的精神境界。

党的十八大以来,以习近平同志为核心的党中央高瞻远瞩、深谋远虑,着眼党和国家发展全局,立足大历史观,深入推进京津冀协同发展战略,以规划建设河北雄安新区为重要突破口,探索人口经济密集地区优化开发的新模式,谋求区域发展的新路子,打造经济社会发展新的增长极。

雄安新区建设的四大优势

雄安新区位于中国河北省保定市境内,地处北京、天津、保定腹地,规划范围涵盖河北省雄县、容城、安新及周边部分区域,对雄县、容城、安新3县及周边区域实行托管。2017年4月1日,中共中央、国务院决定在此设立的国家级新区。在此处设立国家级新区,是因为该处具有四大优势。

一是区位优势。地处华北平原,一马平川。雄安新区与北京、天津构成一个等边三角形,距离北京、天津、石家庄和保定市分别约105公里、105公里、155公里、30公里。

二是交通便捷。雄安新区东至大广高速、京九铁路,南至保沧高速、西至京港澳高速、京广客专,北至荣乌高速、津保铁路等交通干线。基本形成与北京、天津、石家庄、保定的半小时通勤圈。同时具备空港优势，距离北京新机场约 55 公里，完全可以满足高端高新产业的发展需要。

三是生态良好。拥有华北平原最大的淡水湖白洋淀，漕河、南瀑河、萍河、南拒马河等多条河流在区域内交汇。九河下梢，汇集成淀，星罗棋布的苇田，摇船入淀，但见浩渺烟波，苍苍芦苇，悠悠小舟，岸上人家，宛若"华北江南"。

四是开发度低。雄安新区范围内人口密度低，建筑少，拆迁量不大。核心区所辖人口尚不到 10 万人，仅相当于北京的一个社区。可开发建设的土地较充裕且可塑性强，具备一定的城市基础条件。

（二）雄安新区：用科学方法论指导新型城镇化

1. 战略思维：大国之都，世界城市

改革开放以来，中国对世界经济作出了巨大贡献。根据世界银行提供的 GDP 数值，1978 年，中国的 GDP 约为 0.1495 万亿美元，全球排不进前十；2017 年，中国的 GDP 已经达到了 12.24 万亿美元，全球排名第二，40 年时间中国经济总额增长了超过 80 倍。而同期美国的 GDP 只是从 2.3566 万亿美元增长到了 19.39 万亿美元，40 年时间仅增长了 7.23 倍；日本 1978 年的 GDP 约为 1.01 万亿美元，2017 年的 GDP 约为 4.872 万亿美元，40 年时间仅增长了 3.82 倍。从中国经济占全球经济比率的变化来看，1978 年，全球 GDP 总量为 8.543 万亿美元，中国占全球的比重仅约为 1.75%；同期日本经济占全球的比率为 11.823%，而美国 GDP 占全球的比重高达 27.585%。2017 年，全球 GDP 总量约为 80.684 万亿美元，中国经济占全球的比率就由 1978 年的 1.75% 上升到了 15.168%；日本占全球经济总量的比率却由 1978 年的 11.823% 降到了 6.038%，美国经济占全球比率也由 1978 年的 27.585% 下降到了 24.032%。中国已经成为世界制造业第一大国、第二大经济体、第一大货物贸易国。据普华永道预测，到 2030 年，以市场汇率计算，中国的

第二章　新时代走新型城镇化道路的指导思想和战略目标

GDP将超过美国。此外，中国对外投资在2015年达到1456亿美元，仅次于美国；同期吸引外资1356亿美元，首次成为资本净输出国。这标志着中国已经具备在全球尺度上谋划资源配置的基础能力。

作为中国的首都，北京的发展必然要服从于国家发展的规律和阶段特征，具备与中国综合国力相对应的社会、经济、文化和政治影响力，成长为全球城市。全球城市（Global city），又称世界级城市，指在社会、经济、文化或政治层面直接影响全球事务的城市。传统上，西方世界将英国伦敦、美国纽约、法国巴黎和日本东京视为"四大世界级城市"。

现代意义上的世界城市是全球经济系统的中枢或世界城市网络体系中的组织结点（图2—1）。经济全球化、政治多极化、社会信息化和文化多元化是21世纪的基本特征。这"四个化"的相互交织和互为推动加速了全球网络的形成，世界成为一个巨大的网络空间。网络时代是一个整合的时代。整合的过程和本质是现代市场资源，包括人流、物流、资本流、技术流和信息流在全球网络中的充分流转和合理配置。在这种要素流转和配置过程中，世界政治经济新格局不断建立和形成。实际上，格局就是一种配置和组合。当今世界，格局更多地表现为国家之间、区域之间、城市之间现实力量、资源要素的综合对比与配置组合。特别是以城市为载体，在全球网络中形成了资源要素流转和配置的一个个结点。这些结点根据等级高低、能量大小、联系紧密程度等要素集结成为一个多极化、多层次的世界城市网络体系。其中，对全球政治经济文化具有控制力和影响力的主要结点城市就是世界城市。

对全球政治经济文化具有控制力与影响力是世界城市的两个核心功能。世界城市的控制力主要表现为对全球战略性资源、战略性产业和战略性通道的占有、使用、收益和再分配。其中，控制力是"硬实力"，影响力是"软实力"。硬实力是对一国经济、军事与资源要素的控制力和扩张力，软实力是一国文化、制度与意识形态的吸引力和说服力。

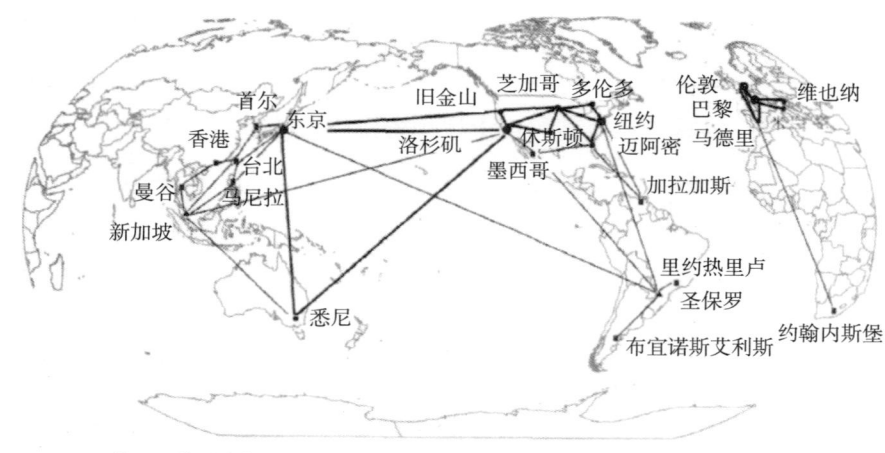

图 2—1 弗里德曼（Friedmann）的世界城市连接关系图

资料来源：Friedmann J. The world city hypothesis Development and Change，1986，17：69—83.

全球城市一般有以下特点：

第一，国际性程度高，知名度高。

第二，积极参与国际事务且具有影响力（例如，纽约市是联合国总部的所在地）。

第三，人口规模大（都会区中心至少要有 100 万人口，典型的都市区要有几百万人口）。

第四，有重要的国际机场，是国际航线的中心。

第五，有先进的交通系统，如高速公路或大型公共交通网络，提供多元化的运输模式（如地下铁路、轻轨运输、区域铁路、渡轮或巴士）。

第六，致力于吸引外来投资和开展对外投资。

第七，国际金融机构、律师事务所、公司总部（尤其是企业集团）和股票交易所集中，对世界经济发挥着关键作用。

第八，有先进的通讯设备，如光纤、无线网络、流动电话服务，以及其他高速电信线路,有助于开展跨国合作。

第九,有蜚声国际的文化机构,如博物馆和大学。

第十,有浓厚的文化气息,如电影节、热闹的音乐或剧院场所、交响乐团、歌剧团、美术馆和街头表演者等。

第十一,有强大而有世界影响力的媒体。

第十二,有强大的体育社群,如体育设施、本地联赛队伍,以及举办国际体育盛事的能力和经验。

第十三,近海城市一般会拥有大型且繁忙的港口(如香港、东京以及纽约)。

1999年,全球化与世界级城市研究小组与网络(Globalization and World Cities Study Group and Network,GaWC)以英国拉夫堡大学为基地,尝试为世界级城市定义和分类。1999年,GaWC发布了第一个系统、权威的世界城市体系排名,此后基本上2—4年发布一次最新的排名情况。世界级城市名册于GaWC 5号调查学报中概述,以国际公司的"高级生产者服务业"供应为主要的排名依据,包括会计、金融、广告、法律、管理咨询等五个大类为城市排名。GaWC的名册确认了世界级城市的3个级别及数个副级别,由高到低顺序为Alpha级(下设四个副级别:Alpha++、Alpha+、Alpha和Alpha-)、Beta级(下设三个副级别:Beta+、Beta和Beta-)、Gamma级(下设三个副级别:Gamma+、Gamma和Gamma-),另外还有"高度自足"和"自足"两个级别,意即此等城市能够提供程度足够的服务,无需明显地依赖其他全球城市。2018年11月19日,GaWC发布《世界城市名册2018》,其中,Alpha++级有英国伦敦和美国纽约市,Alpha+级有新加坡、中国香港、法国巴黎、中国北京、日本东京、阿联酋迪拜、中国上海和澳大利亚悉尼。尽管北京和上海跻身于Alpha+级世界城市的行列,但是距离顶级世界城市尚有一定的差距。

2. 历史思维:千年大计,历史遗产

世界城市的崛起与新的世界经济中心的形成有密切的关系,而新的世界经济中心的形成又与世界经济发展中的长波相关①。

长波理论由俄国经济学家康德拉季耶夫提出。他认为，经济发展以约50年为一周期，其中上升期和下降期各占一半左右时间。经济学界对长波成因有不同解释，其中以熊彼特创新说较为人们所接受，并认为自18世纪末以来世界经济已经经历了四次长波，而每次长波都有不同的主导产业部门。由于各国接纳创新的反应不同，使新的主导产业率先产生于不同国家，从而造成世界经济增长重心的转移，最终形成新的世界经济中心。

长波影响了世界城市的形成。首先，新的主导产业形成后，必然导致该国在国际贸易中占有比较优势。这就有利于产品的大量出口，从而造成该国的国际贸易出现大量顺差，成为国际贸易中心。其次，贸易的巨额盈余，将使本国货币国际化程度不断提高，从而有利于形成国际金融中心，而国际金融中心、贸易中心正是世界城市的主要功能。再次，一国在成为新的世界经济中心的过程中，通常伴随着大型跨国公司、跨国银行的出现，这些公司因业务需要，常将总部机构区位于世纪城市之中，从而使世界城市成为世界及经济的中枢。

表2—1　长波与世界城市的形成

长波周期	时间（年）	主导产业	新的经济增长重心	世界城市
Ⅰ	1782—1845	采煤、纺织	英国	伦敦
Ⅱ	1845—1892	钢铁、铁路	英国、美国	伦敦
Ⅲ	1892—1948	电力机械、汽车、化学	美国、德国	纽约、伦敦
Ⅳ	1948—	电子、航空航天	美国西部、日本	纽约、伦敦、东京等

资料来源：宁越敏：《世界城市崛起的规律及上海发展的若干问题探讨》，《现代城市研究》1995年第2期。

---

① 参见宁越敏：《世界城市崛起的规律及上海发展的若干问题探讨》，《现代城市研究》1995年第2期。

从长波与世界城市的形成之间的关系，可以看出，世界城市的形成经历了漫长的经济社会文化过程，形成了独特的城市文化。

世界城市都是人文城市。世界城市的人文特色是在该城市长期的历史文化积淀和城市人文精神培育的基础上慢慢形成的。

城市作为一种文化形态，可以使人感受到不同的城市文化韵味。例如，城市的建筑不仅是凝固的音乐、立体的绘画、实用的雕塑，是技术与艺术的完美结合、实用性与观赏性的统一，而且也具有鲜明的民族的、地域的、时代的丰富的文化内涵。北京的四合院与上海的里弄，就是不同风格的民居；北京的紫禁城与巴黎的凡尔赛宫，虽然都曾经是皇宫，但却具有东西方的不同历史文化内涵。

不同城市的建筑、广场以及布局体现着不同城市的文化韵味，并在城市的演进中日益积淀为城市历史文化的一部分。城市的历史文化伴随着城市现代化的不断推进，更重视起人文价值。可以说，当今世界的国际大都市都是人文城市，都关注自己的人文品位、人文魅力。

北京是一个世界闻名的古都，在承载首都职能的同时必须尊重和保护古都的历史价值，创造代表先进文化和中国文化的新价值。城市历史文化遗产首先是一个宝库，它积蓄着可能成为人们依恋对象的历史文化宝藏。历史文化遗产最本质的意义是人类所做事情的记忆，历史文化遗产正式通过恢复人类过去的记忆而服务于现在的。只有从过去、从传统、从历史文化遗产中，现代都市人才能获得认识自身以及环境的必要知识，才能认清自己是谁，是从哪里来的，现在何处，能够并且应该干什么，以及将走向何方。只有在这个时候，现代都市人的行动才可能是明智的和理性的。

3. 问题导向：认识矛盾，解决问题

与纽约、伦敦等全球城市相比，北京在建设全球城市的过程中面临着三大突出问题。

第一，首都职能与经济职能过于集中。同世界其他首都城市相比，北京不仅是多功能型首都城市，而且是功能最集中的首都城市（表2—2）。与首都非常相关的职能是居住、办公、文化、体育四项职能，较相关的职能是金融中心、交通中心职能，一般相关的职能是教育、高科技园区、专业产业中心。多种功能在北京的高度集中，使北京城市用地不断向外扩张，人口疏解困难，交通拥堵严重，空气污染加剧。

表2—2 历次北京城市规划对城市性质的描述

年份	编制单位	规划名称	对城市性质的描述
1953年	北京市委	《改建与扩建北京市规划草案要点》	首都应该成为我国政治、经济和文化的中心，特别要把它建设成为我国强大的工业基地和科学技术的中心
1958年	北京市委	《北京城市规划初步方案》	北京是我国的政治中心和文化教育中心，我们还要迅速地把它建设成一个现代化的工业基地和科学技术的中心，使它站在我国技术革命和文化革命的最前列
1973年	北京市规划局	《北京城市建设总体规划方案》	对城市性质无表述，城市发展目标提出"多快好省地把北京建成一个具有现代工业、现代农业、现代科学文化和现代城市设施的清洁的社会主义首都"
1983年	北京市规划委员会	《北京城市建设总体规划方案》	全国的政治中心和文化中心
1993年	北京市规划委员会	《北京城市总体规划》	北京是伟大社会主义中国的首都，是全国的政治中心和文化中心，是世界著名古都和现代国际城市
2003年	北京市规划委员会	《北京城市空间发展战略研究》	对城市性质无表述，城市发展目标提出"国家首都、世界城市、文化名城、宜居城市"
2004年	北京市规划委员会	《北京城市总体规划》	提出了"国家首都、国际城市、文化名城、宜居城市"的性质定位；提出北京是全国的政治中心，也是文化科技中心；是国家经济管理中心，也是国际交流中心

资料来源：李晓江、徐颖：《首都功能的历史、现状及完善》，《北京人大》2015年第8期。

为了优化北京的城市职能，必须实现经济职能与首都职能的分离，引导与首都功能不相关的职能和产业从中心城区向外迁移，空间结构应

第二章　新时代走新型城镇化道路的指导思想和战略目标

当适应大国首都与世界城市目标下核心职能的成长与产业结构调整。

第二，世界城市的区域支撑能力不足。世界城市与所在都市圈存在共生互动的内在关系。首先，一般而言，世界城市崛起于世界增长中心地区最具实力的城市群之中（表2—3），城市群对世界城市提供了强大的支撑（表2—4）。国际经验表明，世界城市更多地体现为"世界城市—区域"这一空间形态，其发展程度受所在区域的发展程度的推动或制约。巨型城市群或都市圈是世界城市经济、文化、政治的载体和基础，决定了世界城市在世界城市体系中的地位和作用。例如，美国东北海岸地区、伦敦地区、西北欧巨型走廊、日本的东京—横滨走廊等，这些全球城市区域，以全球城市为核心，通过高速网络相连主宰着全球经济命脉。可见，世界城市的发展不是靠单个城市发展起来的，而是需要依靠整个世界城市区域的繁荣。

表2—3　世界城市的发展阶段与技术革命和世界经济增长重心的关系

年代	技术革命	世界经济增长重心	世界城市	巨型城市群
19世纪40年代	第一次技术革命（蒸汽机革命）	英国	伦敦	"伦敦—伯明翰—曼彻斯特"城市群
19世纪末20世纪初	第二次技术革命（电力革命）	美国	纽约	"波士华"城市群
20世纪六七十年代	第三次技术革命（信息技术为代表的新技术革命）	日本	东京	东海岸城市群

资料来源：祝尔娟、吴常春、李妍君：《世界城市建设与区域发展——对北京建设世界城市的战略思考》，《现代城市研究》2011年第11期。

表2—4　东京中心、副中心的主要功能定位

名称	主要功能定位
中心城	政治经济中心、国际金融中心
新宿	第一大副中心，带动东京发展的商务办公、娱乐中心

续表

名称	主要功能定位
池袋	第二大副中心，商业购物、文化娱乐中心
涩谷	交通枢纽、信息中心、商务办公、文化娱乐中心
上野—浅草	传统文化旅游中心
大崎	高新技术研发中心
锦糸町—龟户	商务、文化娱乐中心
滨海副中心	面向未来的国际文化、技术、信息交流中心

资料来源：根据李国庆：《东京圈多中心结构及其对京津冀发展的启示》，《东北亚学刊》2017年第2期整理。

全球城市与其所在都市群之间存在互动关系。一方面，中心辐射带动周边发展，对整个区域发挥着产业传导、技术扩散、智力支撑、区域服务和创新示范等带动作用；另一方面，周边对中心发挥疏解人口压力、承接扩散产业、提供生态屏障、基础设施共建、扩张发展空间等作用。

长期以来，北京在京津冀地区的集聚效应仍强于扩散效应。2005年8月17日，亚洲开发银行资助的一份调查报告首次提出"环京津贫困带"的概念：在国际大都市北京和天津周围，环绕着河北的3798个贫困村、32个贫困县，年均收入不足625元的272.6万贫困人口。如果以150公里的直线距离计算，与北京接壤的河北省张家口、承德、保定三市就有25个国家级和省级贫困县。2000—2011年，北京的人口比重相对比环北京区域的天津武清、宝坻、蓟县的人口比重，以及河北廊坊、保定、张家口、承德、唐山的人口比重，由24.65%上升到35.40%，GDP比重由45.94%上升到54.21%；其他城市除唐山外，人口和GDP比重均降低，显示出区域内的集聚效应尚强于扩散效应。另外，在北京市域内，正经历着扩散加速的区域，通州、昌平、顺义、大兴等城市拓展新区发展迅速，经济占全市的比重由2005年的17.31%上升到2011年的21.04%，人口占比由2005年的26.76%上升

第二章　新时代走新型城镇化道路的指导思想和战略目标

到2011年的31.20%，成为全市人口增加最多、增长最快的地区[①]。

未来京津冀整体上要建设具有全球竞争力、可持续发展能力强的世界级城市群，共建具有世界影响力、国际一流和谐宜居的大首都地区。在京津冀规划建设"一盘棋"基础上，要严格管控超大、特大城市，三地的发展应各有侧重。

第三，资源环境严重超载。"十二五"期间，北京致力于建设世界城市、历史名城和宜居城市，随着人口规模膨胀和城市规模扩大，现有资源如水、土地、环境等的压力越来越大。天津和河北正处在重化工业和制造业集聚扩张阶段，也是高消耗、高污染排放的阶段。工业大发展，使控制碳排放的压力日益加大，保护生态环境的成本日益加大。以空气环境质量为例，北京空气环境质量改善面临着历史总量积累、现实发展需求及周边省市输送等因素制约，治理污染之路并不平坦[②]。

首先，"大块头"城市，污染"减肥"难。经过几十年的发展积累，北京已成为"大块头"城市：2000万常住人口、520万辆机动车、2300万吨燃煤、630万吨汽柴油消费、1.9亿平方米施工面积……同时，建材、石化、化工等企业排放着大量污染物。北京的地理条件不利于空气污染治理。其地域面积62%为山区，而人口生存及发展所需的生产服务活动主要集中在平原地区，污染物排放强度高，生态系统对大气自净功能较弱，环境承载力不足，凡遇不利气象条件，能够容纳污染物的大气环境容量便急剧压缩减小，污染物排放量远超环境容量，最终造成严重污染。

其次，减排"跑不赢"污染物增量。北京人口大量增加，直接带来能源的刚性需求。机动车、燃煤、工业污染和扬尘是北京大气污染的主要来源。2012年，北京人口总量超过2000万，超出2020年人口总量

[①] 张景秋、孟醒、齐英茜：《世界首都区域发展经验对京津冀协同发展的启示》，《北京联合大学学报（人文社会科学版）》2015年第4期。

[②] 参见《瞭望》新闻周刊记者：《探访环首都雾霾圈：一袋烟功夫能飘到北京》，《瞭望》新闻周刊2013年第8期。

要控制在 1800 万以内的总体规划要求,人口密度过大导致中心城市污染排放集中;机动车虽然实行了摇号购买,但每年绝对增长量仍达到 24 万辆。

最后,首都空气要看周边"脸色"。据了解,京津冀区域燃煤总量一年超过 3.5 亿吨(北京占比不足 7%),二氧化硫排放强度 8.5 吨/平方千米,而全国均值仅为 2.3 吨。河北、天津等省市的外来输送约占北京 PM2.5 构成的 20%,目前所采取的属地治理模式,对于北京来说,难以达到治本效果。

4. 科学统筹:总体谋划,重点突破

第一,"以新破局"。

雄安新区将构建起京津冀协同发展的"新格局",也为中国实现区域协同发展提供可复制可推广的经验。2014 年 2 月 26 日,习近平总书记在北京主持召开座谈会,专题听取京津冀协同发展工作汇报,就推进京津冀协同发展提出七点要求。一是要着力加强顶层设计,抓紧编制首都经济圈一体化发展的相关规划,明确三地功能定位、产业分工、城市布局、设施配套、综合交通体系等重大问题,并从财政政策、投资政策、项目安排等方面形成具体措施。二是要着力加大对协同发展的推动,自觉打破自家"一亩三分地"的思维定式,抱成团朝着顶层设计的目标一起做,充分发挥环渤海地区经济合作发展协调机制的作用。三是要着力加快推进产业对接协作,理顺三地产业发展链条,形成区域间产业合理分布和上下游联动机制,对接产业规划,不搞同构性、同质化发展。四是要着力调整优化城市布局和空间结构,促进城市分工协作,提高城市群一体化水平,提高其综合承载能力和内涵发展水平。五是要着力扩大环境容量生态空间,加强生态环境保护合作,在已经启动大气污染防治协作机制的基础上,完善防护林建设、水资源保护、水环境治理、清洁能源使用等领域合作机制。六是要着力构建现代化交通网络系统,把交通一体化作为先行领域,加快构建快速、便捷、高效、安全、

大容量、低成本的互联互通综合交通网络。七是要着力加快推进市场一体化进程，下决心破除限制资本、技术、产权、人才、劳动力等生产要素自由流动和优化配置的各种体制机制障碍，推动各种要素按照市场规律在区域内自由流动和优化配置。推进京津冀协同发展，要立足各自比较优势、立足现代产业分工要求、立足区域优势互补原则、立足合作共赢理念，以京津冀城市群建设为载体、以优化区域分工和产业布局为重点、以资源要素空间统筹规划利用为主线、以构建长效体制机制为抓手，从广度和深度上加快发展。推进京津双城联动发展，要加快破解双城联动发展存在的体制机制障碍，按照优势互补、互利共赢、区域一体原则，以区域基础设施一体化和大气污染联防联控作为优先领域，以产业结构优化升级和实现创新驱动发展作为合作重点，把合作发展的功夫主要下在联动上，努力实现优势互补、良性互动、共赢发展。

作为推进京津冀协同发展的两项战略举措，规划建设北京城市副中心和河北雄安新区，一东一西，将形成北京新的两翼，为区域发展开拓"东成西就"新空间。

中央从一开始就明确，规划建设雄安新区，要树立一盘棋思想，加强对新区与周边区域的统一规划管控，加强同北京、天津、石家庄、保定等城市的融合发展。只要各城市、各区域明确分工、错位发展，同时多在融合、协同上下功夫，就能在20多万平方千米的京津冀大地上形成优势互补、良性互动、共赢发展的新格局。

第二，高起点，新梦想。

雄安新区将坚持生态优先，建设一座绿色生态之城。良好生态环境是最公平的公共产品，是最普惠的民生福祉。人民群众日益增长的优良生态环境需要已经成为我国社会主要矛盾的重要内容，广大人民群众热切盼望拥有良好的生产和生活环境。人民对美好生活的向往就是我们奋斗的目标和动力。必须坚持以人民为中心，加快改善环境质量，让人民群众享受到蓝天白云、绿岸清水、鸟语花香，让他们由于生态环境持续改善而感受到更多的获得感、幸福感和安全感。

白洋淀位于河北省中部，是河北第一大内陆湖，景色宜人，是著名的旅游胜地。雄安新区紧邻白洋淀，在开发的过程中必须特别小心不能破坏白洋淀的生态环境。因而，对白洋淀的保护必须有明确的要求，高度重视生态环境建设，加强环境保护工作。在整体上，雄安新区的建设都必须坚持生态优先的原则，全面落实绿色发展理念。

第三，高标准，新理念。

雄安新区将坚持规划先行，筑造一座标杆之城。2014年2月，习近平总书记在北京考察，首站选择在北京市规划展览馆，他指出，要考察一个城市首先看规划，规划科学是最大的效益，规划失误是最大的浪费，规划折腾是最大的忌讳。雄安新区的规划要着重考虑四个方面：理水营城，整个雄安新区将成坡状分布，北高南低，水可以自然流动；城乡协同发展，将雄安新区建设成田园城市、特色县城、美丽乡村；城市科技创新，新区将采用绿色交通系统、智能化的城市管理系统、智能建筑群等先进科学技术；在新区建设中同步修复白洋淀的生态功能，要稳定湿地面积，补水清淤，保持华北之肾的生物多样性。

第四，高水平，新家园。

雄安新区将坚持以人民为中心的思想，成为一座现代宜居之城。2017年2月23日至24日，习近平总书记实地查看北京城市规划建设的最新进展。在这次考察过程中习近平总书记提出："坚持人民城市为人民，以北京市民最关心的问题为导向，以解决人口过多、交通拥堵、房价高涨、大气污染等问题为突破口，提出解决问题的综合方略。"在雄安新区的建设中，要健全制度、完善政策，不断提高民生保障和公共服务供给水平，增强人民群众获得感。城镇化不是土地城镇化，而是人口城镇化。户籍人口城镇化率直接反映城镇化的健康程度。要促进有能力在城镇稳定就业和生活的常住人口有序实现市民化，稳步推进城镇基本公共服务常住人口全覆盖。

第二章　新时代走新型城镇化道路的指导思想和战略目标

第五,高要求,新机制。

雄安新区将坚持体制机制改革,打造一座创新发展之城。建设绿色智慧新城,建成国际一流、绿色、现代、智慧城市;打造优美生态环境,构建蓝绿交织、清新明亮、水城共融的生态城市;发展高端高新产业,积极吸纳和集聚创新要素资源,培育新动能;提供优质公共服务,建设优质公共设施,创建城市管理新样板;构建快捷高效交通网,打造绿色交通体系;推进体制机制改革,发挥市场在资源配置中的决定性作用和更好发挥政府作用,激发市场活力;扩大全方位对外开放,打造扩大开放新高地和对外合作新平台。

(三) 雄安新区总体规划纲要要点

2018年4月14日,中共中央、国务院批复了《河北雄安新区规划纲要》(以下简称《雄安规划纲要》),肯定了《雄安规划纲要》深入贯彻习近平新时代中国特色社会主义思想,坚决落实党中央、国务院决策部署,牢固树立和贯彻落实新发展理念,紧扣新时代我国社会主要矛盾变化,按照高质量发展要求,紧紧围绕统筹推进"五位一体"总体布局和协调推进"四个全面"战略布局,着眼建设北京非首都功能疏解集中承载地,创造"雄安质量"和成为推动高质量发展的全国样板,建设现代化经济体系的新引擎,坚持世界眼光、国际标准、中国特色、高点定位,坚持生态优先、绿色发展,坚持以人民为中心、注重保障和改善民生,坚持保护弘扬中华优秀传统文化、延续历史文脉,符合党中央、国务院对雄安新区的战略定位和发展要求,对于高起点规划、高标准建设雄安新区具有重要意义。在批复意见中,党中央、国务院着重强调了十二个方面。

第一,科学构建城市空间布局。雄安新区实行组团式发展,选择容城、安新两县交界区域作为起步区先行开发并划出一定范围规划建设启动区,条件成熟后再稳步有序推进中期发展区建设,划定远期控制区为未来发展预留空间。要坚持城乡统筹、均衡发展、宜居宜业，形成"一主、五辅、多节点"的城乡空间布局。起步区随形就势，形成"北城、中苑、南淀"的空间布局。要统筹生产、生活、生态三大空间，构建蓝绿交织、疏密有度、水城共融的空间格局。

第二，合理确定城市规模。坚持以资源环境承载能力为刚性约束条件，科学确定雄安新区开发边界、人口规模、用地规模、开发强度。要坚持生态优先、绿色发展，雄安新区蓝绿空间占比稳定在70%，远景开发强度控制在30%。要合理控制用地规模，启动区面积20至30平方公里，起步区面积约100平方公里，中期发展区面积约200平方公里。要严守生态保护红线，严控城镇开发边界，严格保护永久基本农田，加强各类规划空间控制线的充分衔接，形成规模适度、空间有序、用地节约集约的城乡发展新格局。

第三，有序承接北京非首都功能疏解。雄安新区作为北京非首都功能疏解集中承载地，要重点承接北京非首都功能和人口转移。积极稳妥有序承接符合雄安新区定位和发展需要的高校、医疗机构、企业总部、金融机构、事业单位等，严格产业准入标准，限制承接和布局一般性制造业、中低端第三产业。要与北京市在公共服务方面开展全方位深度合作，引入优质教育、医疗、文化等资源，提升公共服务水平，完善配套条件。要创新政策环境，制定实施一揽子政策举措，确保疏解对象来得了、留得住、发展好。

第四，实现城市智慧化管理。坚持数字城市与现实城市同步规划、同步建设，适度超前布局智能基础设施，打造全球领先的数字城市。建立城市智能治理体系，完善智能城市运营体制机制，打造全覆盖的数字化标识体系，构建汇聚城市数据和统筹管理运营的智能城市信息管理中枢，推进城市智能治理和公共资源智能化配置。要根据城市发展需要，建设多级网络衔接的市政综合管廊系统，推进地下空间管理信息化建设，保障地下空间合理开发利用。

第二章　新时代走新型城镇化道路的指导思想和战略目标

第五，营造优质绿色生态环境。要践行绿水青山就是金山银山的理念，大规模开展植树造林和国土绿化，将生态湿地融入城市空间，实现雄安新区森林覆盖率达到40%，起步区绿化覆盖率达到50%。要坚持绿色发展，采用先进技术布局建设污水和垃圾处理系统，提高绿色交通和公共交通出行比例，推广超低能耗建筑，优化能源消费结构。强化大气、水、土壤污染防治，加强白洋淀生态环境治理和保护，同步加大上游地区环境综合整治力度，逐步恢复白洋淀"华北之肾"功能。

第六，实施创新驱动发展。瞄准世界科技前沿，面向国家重大战略需求，积极吸纳和集聚创新要素资源，高起点布局高端高新产业，大力发展高端服务业，构建实体经济、科技创新、现代金融、人力资源协同发展的现代产业体系。布局建设一批国家级创新平台，加强与国内外一流教育科研机构和科技企业合作，建立以企业为主体、市场为导向、产学研深度融合的技术创新体系。制定特殊人才政策，集聚高端创新人才，培育创新文化和氛围。创新科技合作模式，加强知识产权保护及综合运用，构建国际一流的创新服务体系。

第七，建设宜居宜业城市。按照雄安新区功能定位和发展需要，沿城市轴线、主要街道、邻里中心，分层次布局不同层级服务设施，落实职住平衡要求，形成多层级、全覆盖、人性化的基本公共服务网络。构建具有雄安特色、国内领先、世界一流的教育体系。增加雄安新区优质卫生资源总量，建设体系完整、功能互补、密切协作的现代医疗卫生服务体系。提供多层次公共就业服务，创新社会保障服务体系。建立多主体供给、多渠道保障、租购并举的住房制度和房地产市场调控长效机制，严禁大规模房地产开发。优化调整雄县、容城、安新3个县城功能，妥善解决土地征收、房屋拆迁、就业安置等事关群众切身利益的问题，维护社会大局和谐稳定，为雄安新区规划建设营造良好社会氛围和舆论环境，让人民群众有更多的幸福感、获得感。

第八，打造改革开放新高地。要把改革开放作为雄安新区发展的根本动力，总结吸收我国改革开放40多年来的经验成果，进一步解放思想、勇于创新，探索新时代推动高质量发展、建设现代化经济体系的新路径。对符合我国未来发展方向、对全国起重要示范带动作用、对雄安新区经济社会发展有重要影响的体制机制改革创新在新区先行先试，争取率先在重要领域和关键环节取得新突破，率先在推动高质量发展的指标体系、政策体系、标准体系、统计体系、绩效评价和考核体系等方面取得新突破，形成一批可复制可推广的经验，为全国提供示范。

第九，塑造新时代城市特色风貌。要坚持顺应自然、尊重规律、平原建城，坚持中西合璧、以中为主、古今交融，做到疏密有度、绿色低碳、返璞归真，形成中华风范、淀泊风光、创新风尚的城市风貌。要细致严谨做好单体建筑设计，追求建筑艺术，强化对建筑体量、高度、立面、色调等要素的规划引导和控制，原则上不建高楼大厦，不能到处是水泥森林和玻璃幕墙。要注重保护弘扬中华优秀传统文化，保留中华文化基因，体现中华传统经典建筑元素，彰显地域文化特色，体现文明包容，打造城市建设的典范。

第十，保障城市安全运行。牢固树立和贯彻落实总体国家安全观，以城市安全运行、灾害预防、公共安全、综合应急等体系建设为重点，构建城市安全和应急防灾体系，提升综合防灾水平。科学确定雄安新区防洪和抗震等安全标准，高标准设防、高质量建设，确保千年大计万无一失。按照以水定城、以水定人的要求，科学确定用水总量，完善雄安新区供水网络，形成多源互补的雄安新区供水格局。实现电力、燃气、热力等清洁能源稳定安全供应，提高能源安全保障水平。

第十一，统筹区域协调发展。雄安新区要加强同北京、天津、石家庄、保定等城市的融合发展，与北京中心城区、北京城市副中心合理分工，实现错位发展。要按照网络化布局、智能化管理、一体化服务的要求，加快建立连接雄安新区与京津及周边其他城市、北京新机场之间的轨道和公路交通网络，构建快速便捷的交通体系。要加强对雄安新区及周边区域的管控力度，划定管控范围和开发边界，建设绿色生态屏障，统一规划、严格管控，促进区域协调发展。

第十二，加强规划组织实施。雄安新区是留给子孙后代的历史遗产，要有功成不必在我的精神境界，保持历史耐心，合理把握开发节奏，稳扎稳打，一茬接着一茬干，一张蓝图干到底，以钉钉子精神抓好各项工作落实。《雄安规划纲要》是雄安新区规划建设的基本依据，必须坚决维护规划的严肃性和权威性，严格执行，任何部门和个人不得随意修改、违规变更。各有关方面要切实增强政治意识、大局意识、核心意识、看齐意识，坚持大历史观，全力推进雄安新区规划建设。在京津冀协同发展领导小组统筹指导下，河北省委和省政府要切实履行主体责任，加强组织领导，全力推进雄安新区规划建设各项工作，建立长期稳定的资金筹措机制，完善规划体系，抓紧深化和制定控制性详细规划及交通、能源、水利等有关专项规划，按程序报批实施。国家发展改革委、京津冀协同发展领导小组办公室要做好综合协调，中央和国家机关有关部委、单位，北京市、天津市等各地区，要积极主动对接和支持雄安新区规划建设。

（四）雄安新区规划对中国新型城镇化建设的启示

1. 牢固树立和贯彻落实新发展理念，在新型城镇化建设中贯彻落实新发展理念

规划建设雄安新区的指导思想是着眼建设北京非首都功能疏解集中承载地，创造"雄安质量"，打造推动高质量发展的全国样板，建设现代化经济体系的新引擎，坚持世界眼光、国际标准、中国特色、高点定位，坚持生态优先、绿色发展，坚持以人民为中心、注重保障和改善民生，坚持保护弘扬中华优秀传统文化、延续历史文脉，着力建设绿色智慧新城、打造优美生态环境、发展高端高新产业、提供优质公共服务、构建快捷高效交通网、推进体制机制改革、扩大全方位对外开放，建设高水平社会主义现代化城市。

雄安新区在规划建设中牢固树立和贯彻落实新发展理念，致力于打造成为贯彻落实新发展理念的创新发展示范区。具体而言，雄安新区的定位包括4个，即绿色生态宜居新城区、创新驱动发展引领区、协调发展示范区、开放发展先行区。这4个定位紧紧围绕打造北京非首都功能疏解集中承载地，贯彻落实了新发展理念，充分体现了高质量发展关于坚持把绿色作为普遍形态、坚持把创新作为第一动力、坚持把协调作为内生特点、坚持把开放作为必由之路的要求。

雄安新区规划建设为中国新型城镇化建设中贯彻落实新发展理念提供了示范和样板，各地要认真学习研究雄安新区规划建设成果，并将其主要内涵和精神应用于当地的新型城镇化建设当中。

2. 先谋后动、规划引领，借鉴国际经验，高标准编制城镇发展规划

习近平总书记强调指出，要坚持先谋后动、规划引领，借鉴国际经验，高标准编制新区总体规划等相关规划，组织国内一流规划人才进行城市设计，规划好再开工建设，决不留历史遗憾。为贯彻落实习近平总书记重要讲话和指示精神，按照党中央、国务院部署和京津冀协同发展领导小组要求，领导小组办公室和河北省委省政府、专家咨询委员会等方面，把编制一个经得起历史检验的雄安新区规划作为各项工作的重中之重，专门成立规划编制工作推进小组，汇聚国内外知名专家，深入研究论证、反复修改完善，以先进的理念和国际一流水准，高质量推进规划编制工作。

《雄安规划纲要》的编制始终以习近平新时代中国特色社会主义思想为指导，不折不扣地贯彻落实习近平总书记重要讲话和指示精神，贯穿到每一个篇章、每一段文字、每一幅图片中，确保在《雄安规划纲要》中得以全面准确体现。规划的编制始终秉持开门开放编规划的理念，从国内外 279 家规划机构中优选 12 家一流团队开展新区城市设计国际咨询，汇聚吴良镛、张锦秋、邬贺铨等 60 多位院士和规划建筑大师以及 300 多位知名专家，全程参与规划编制和研究论证。深入开展 22 个专项规划编制和 32 个专题研究，对新区防洪抗震、水资源保障、生态建设、产业发展和中轴线、天际线等重大问题形成稳定结论，为《雄安规划纲要》编制提供有力支撑。《雄安规划纲要》反复多轮征求了北京市、天津市、中央和国家机关有关部委、专家咨询委员会意见，充分吸收听取了专家学者、研究机构、企业单位特别是新区基层干部群众的意见建议。

《雄安规划纲要》从总体要求、构建科学合理空间布局、塑造新时代城市风貌、打造优美自然生态环境、发展高端高新产业、提供优质共享公共服务、构建快捷高效交通网、建设绿色智慧新城、构筑现代化城市安全体系、保障规划有序有效实施等方面擘画了雄安新区未来发展的宏伟蓝图，是指导雄安新区规划建设的基本依据。

雄安新区高标准高质量进行规划编制的做法需要在全国的新型城镇化规划中加以学习和推广，从而为城镇发展提供蓝图指引，确保中国的新型城镇化建设走上科学、健康的轨道。

3. 统筹生产、生活、生态三大空间，形成城乡统筹、功能完善的城乡空间结构

空间布局是城乡功能定位在空间上的具体体现，也是优化资源配置、实现高质量发展的重要基础。雄安新区规划建设选择特定区域作为起步区先行开发，在起步区划出一定范围规划建设启动区，条件成熟后再有序稳步推进中期发展区建设，并划定远期控制区为未来发展预留空间。空间布局充分考虑现有自然条件，统筹生产、生活、生态三大空间，逐步形成城乡统筹、功能完善的组团式城乡空间结构，布局疏密有度、水城共融的城市空间。新区国土空间格局坚持生态优先、绿色发展，规划蓝绿空间占比稳定在 70% 左右，远景开发强度控制在 30%。

科学划定生态保护红线、永久基本农田、城镇开发边界三条控制线，严控城镇开发边界和人口规模。

雄安新区空间布局有一个显著特点：既改变了以往单中心"摊大饼"式发展模式，实行组团式发展，各组团之间既相对集中、特色鲜明，又紧密联系、功能互补，使生产、生活、教育、医疗等有机衔接，实现创业就业与居住功能均衡。按照这个思路，综合考虑新区定位、发展目标和现状条件，雄安新区规划形成"一主、五辅、多节点"的空间形态。"一主"即起步区，选择容城、安新两县交界区域作为起步区，是新区的主城区，先行启动建设。"五辅"即雄县、容城、安新县城及寨里、昝岗五个外围组团，全面提质扩容雄县、容城两个县城，优化调整安新县城，建设寨里、昝岗两个组团，与起步区之间建设生态隔离带。"多节点"即若干特色小城镇和美丽乡村，实行分类特色发展，构建一体化、网络化的城乡体系。

在各地的新型城镇化建设中，一定要坚持顺应自然、随形就势，综合考虑地形地貌、水文条件、生态环境等因素，科学规划城乡空间布局，避免城乡分割，避免出现"摊大饼"的城市发展形态，走集约、高效、统筹、和谐的发展道路。

4. 传承中华优秀文化传统，彰显地方文化特色，塑造新时代城市风貌

城市风貌是一个城市的魅力所在。雄安新区城市设计坚持中西合璧、古今交融、以中为主，坚持弘扬中华优秀传统文化，保留中华文化基因，彰显地区文化特色，依托白洋淀清新优美的生态环境，利用城镇周边开阔自然的田野风光，随形就势，平原建城，形成疏密有度、水城共融的城镇空间，清新明亮的宜人环境，舒展起伏的天际线，形成体现历史传承、文明包容、时代创新的新区风貌，展现新时代城市形象。

起步区城市设计融合城水林田淀等特色要素，形成"一方城、两轴线、五组团、十景苑、百花田、千年林、万顷波"的空间意象。传承中华营城理念，构建布局规制对称、街坊尺度宜人的中心"方城"；按照传承历史、开创未来的设计理念，塑造体现中华文明、凝聚城市精神、承载中心功能的城市轴线；按照功能相对完整、空间疏密有度的理念，布局五个尺度适宜、功能混合、职住均衡的紧凑组团；利用水文地貌和历史文化，塑造以大溵古淀为核心的生态苑囿；保留农耕记忆、营造花海景观，形成三季有花、四季有绿的都市田园风光；大规模植树造林，形成起步区外围林带环绕、内部树木葱郁的良好生态；开展白洋淀生态环境修复，展现碧波万顷、荷塘苇海的水域生态景观，实现城淀共生共荣。启动区充分利用区位条件，以淀泊景观为依托规划设计，形成城淀相望的格局。

南北中轴线展示历史文化生态特色，突出中轴对称、疏密有致、灵动均衡。东西轴线利用交通廊道串联城市组团，集聚创新要素、事业单位、总部企业、金融机构等。城市天际线轮廓舒展、韵律起伏，广泛吸收借鉴全球优秀的城市设计成果，形成独具特色的城市空间形态。新区将严格控制建筑高度，不能到处是水泥森林和玻璃幕墙，根据城市功能布局和产业特点，在新区特定范围规划建设高层建筑。精心设计建筑顶部，构建形态色彩整体和谐统一的城市空间界面和轮廓线。

塑造中华风范、淀泊风光、创新风尚的城市风貌。新区建筑要传承中华建筑文化基因，吸收世界优秀建筑设计理念和手法，坚持开放、包容、创新、面向未来，形成独具特色的建筑风格。严谨细致做好建筑设计，塑造出既体现我国建筑特色又吸收国外建筑精华，既有古典神韵又具现代气息，融于自然、端正大气的优秀建筑，营造多样化、有活力的城市空间环境。结合城市组团布局以及城市各级中心、重要公共空间和标志性建筑，打造城市空间景观廊道和景观节点体系。利用城市森林、组团隔离带，依托白洋淀、重要水系、湿地，再现林淀环绕的华北水乡、城绿交融的中国画卷。提高公共空间覆盖率、连续性，注重城市绿道、公园布局与开放空间的串联融合，实现5分钟步行可达。注重街区、邻里空间设计，形成尺度宜人、亲切自然、全龄友好的社区环境。注重人性化、艺术化设计，提升城市空间品质与文化品位，打造具有文化特色和历史记忆的公共空间。

雄安新区在塑造新时代城市风貌方面提供了难得的样板，各地区在规划和建设中，从地方特色挖掘，到城市规划设计，再到建筑风格设计，都应该借鉴雄安经验，形成独具特色的城市风貌。

5. 规划设计上坚持以人民为中心，坚持人民城市为人民，提供公共优质服务

雄安新区作为北京非首都功能疏解集中承载地，在规划设计上坚持以人民为中心，坚持人民城市为人民，注重保障和改善民生，引入京津优质教育、医疗卫生、文化体育等资源，建设优质共享的公共服务设施，提升公共服务水平，构建多元化的住房保障体系，增强新区承载力、集聚力和吸引力，打造宜居宜业、可持续发展的现代化新城。

雄安新区将建设"城市—组团—社区"三级公共服务设施体系，形成多层次、全覆盖、人性化的基本公共服务网络。城市级大型公共服务设施布局于城市中心地区，主要承担国际交往功能；组团级公共服务设施围绕绿地公园和公交枢纽布局，主要承担城市综合服务功能。社区级公共服务设施布局于社区中心，主要承担日常生活服务功能。构建社区、邻里、街坊三级生活圈。

在与百姓生活密切相关的教育、医疗、文化、社会保障等方面，雄安新区将布局高质量学前教育、义务教育、高中阶段教育，培育建设一批国际学校、国际交流合作示范学校，以新机制、新模式努力建设世界一流的雄安大学；高标准配置医疗卫生资源，建设集临床服务、医疗教育、医学科研和成果转化为一体的医疗综合体，国际一流、国内领先的区域卫生应急体系和专科医院，以及标准化基层医疗卫生机构，形成完整的医疗卫生服务体系；建立完备的公共文化服务体系，在数字网络环境下高标准布局建设博物馆、图书馆、美术馆、剧院等，在街道、社区建设综合文化站和文化服务中心，合理布局文化产业，推动公共文化服务与文化产业融合发展；创新社会保障服务体系，建立健全社会保障基本制度，完善服务项目，提高服务标准，建立劳动就业服务制度，提供多层次公共就业服务，等等。

雄安新区将严格按照2016年中央经济工作会议明确的"房子是用来住的、不是用来炒的"的定位，从制度设计和布局建设"软""硬"两方面着手，建立具有雄安特色的新型住房保障体系。新区将建立多主体供给、多渠道保障、租购并举的住房制度，完善多层次住房供给政策和市场调控体制，严控房地产开发，建立严禁投机的长效机制。不断优化居住空间布局，在轨道车站、大容量公共交通廊道节点周边，优先安排住宅用地；在城市核心区和就业岗位集聚、公共交通便捷、具有较高商业价值的地区，布局混合性居住空间，实现合理公交通勤圈内的职住均衡。

城市让生活更美好，2010年上海世博会的主题很好地概括了城市的内涵。城镇化是人的城镇化，人们来到城市，是为了更好地生活，因此，新型城镇化要能够为市民提供更好的公共服务。雄安新区关于提供公共优质服务的理念、思路和措施为全国其他地区提供了宝贵的经验。

6. 完善配套机制，确保规划建设真正落实

制定了科学的规划，更重要的是确保规划得以落实。雄安新区在建立规划建设机制方面进行了积极的探索。

第一，进一步深化完善规划体系。以《雄安规划纲要》作为编制新区各级各类规划的准则和指南，构建以《雄安规划纲要》为统领、以控制性详细规划为重点、以专项规划为支撑，全域覆盖、分层管理、分类指导、多规合一的"1＋N"规划体系。按照把每一寸土地都规划得清清楚楚后再开工建设的要求，深化细化控制性详细规划、修建性详细规划及各类专项规划，为新区全面建设打好基础、做好准备。

第二，有计划分步骤推进新区开发建设。根据规划实施时序、相关阶段建设目标要求，制订各类规划实施方案和行动计划，有序推进起步区土地预征、启动区征迁、重点片区安置房建设等工程。同时，对于符合规划方向、现实急需、具备条件的基础性重大项目先行启动，尽快实现与北京、天津等直连直通，持续推进白洋淀治污、清淤及上游污染源清理治理等生态环境保护和水利设施重点工程，改善新区生态环境。

第三，加快推进体制机制改革创新。总结吸收我国改革开放40多年来的经验成果，与《雄安规划纲要》相衔接，进一步解放思想、拓宽思路，加快制定支持新区改革开放的举措。在金融、财税、人口、土地、住房、生态文明、对外开放等方面，分领域、分阶段适时制定实施方案，成熟一项推出一项，成熟一批推出一批，构建"1＋N"的改革开放政策体系。

第四，统筹区域协调发展。加强新区与北京、天津、石家庄、保定等城市融合发展，同北京中心城区、北京城市副中心合理分工，实现错位发展。加强新区与保定、廊坊、沧州等周边地区相关规划的衔接，强化新区及毗邻地区土地、房地产等管控，统筹承接北京非首都功能疏解，统筹推进新型城镇化建设，统筹安排教育、医疗、卫生、体育等功能，统筹布局生态、产业、交通和基础设施，实行协同规划、产业联动，努力打造协调发展示范区。

每一座城市都是我们留给子孙后代的历史遗产，必须以习近平新时代中国特色社会主义思想为指导，在党中央、国务院坚强领导下，坚持大历史观，保持历史耐心，既积极推进，又稳妥有序，一茬接着一茬干，一年接着一年干，不急于求成，确保一张蓝图干到底，努力实现高质量发展。

第二章　新时代走新型城镇化道路的指导思想和战略目标

思考题

1. 推进新型城镇化应遵循哪些指导思想?
2. 为什么说设立雄安新区是一项重大的历史性战略选择?
3. 雄安新区是如何通过规划和建设体现新型城镇化的指导思想的?

第三章　有序推进农业转移人口市民化

2016年2月，习近平总书记对深入推进新型城镇化建设作出重要指示，要求要坚持以创新、协调、绿色、开放、共享的发展理念为引领，以人的城镇化为核心，更加注重提高户籍人口城镇化率，更加注重城乡基本公共服务均等化，更加注重环境宜居和历史文脉传承，更加注重提升人民群众获得感和幸福感。只有坚持以人民为中心的发展思想，坚持人民城市为人民，新型城镇化才能真正走向现代化。要按照尊重意愿、自主选择，因地制宜、分步推进，存量优先、带动增量的原则，以农业转移人口为重点，兼顾高校和职业技术院校毕业生、城镇间异地就业人员和城区城郊农业人口，统筹推进户籍制度改革和基本公共服务均等化。

一、推进农业转移人口市民化的现实基础和重要意义

改革开放以来，越来越多的农民进城务工，为我国经济社会发展和工业化作出了巨大贡献。目前，农民工已经成为推动国家现代化建设的重要力量，2019年全国农民工总量达到29077万人[①]。改革开放40多年来，中国城镇化进程快速推进，人口城镇化率从1978年的17.92%提高到2021年的64.72%。值得注意的是，虽然常住人口城镇化率比较高，但同期户籍人口城镇化率只有45.4%，非户籍人口虽在当地工作生活，但难以享受到与户籍人口同等的公共服务和政策待遇。城镇化

---

① 国家统计局网：《2019年农民工监测调查报告》。

滞后于工业化，会导致工业化发展缺乏足够的空间和要素，削弱工业化的后劲和可持续发展能力。改变城镇化滞后于工业化的局面，实现工业化和城镇化良性互动，关键在于加快推进以人为核心的新型城镇化，促进农业转移人口有序实现市民化。

（一）新中国成立以来农村劳动力流动的过程

"农业转移人口"的称谓最早出现在2009年12月召开的中央经济工作会议上，该会议提出，"要把解决符合条件的农业转移人口逐步在城镇就业和落户作为推进城镇化的重要任务"，随后，"推进农业转移人口市民化"成为中央和地方各级政府的一项重要工作。2012年11月召开的党的十八大明确提出"加快改革户籍制度，有序推进农业转移人口市民化"。2017年，党的十九大报告指出，要以城市群为主体构建大中小城市和小城镇协调发展的城镇格局，加快农业转移人口市民化。由农村流动到城镇，既有就地的流动转移，也有跨县、跨省的异地流动转移。"农业转移人口"主要是指"农民工"，但"农业转移人口"强调的是农业人口从农村转向城镇居住、就业和生活，转变为城市居民；而"农民工"强调的是进城务工经商人员。

改革开放以来，农业人口转移经历了三个阶段。

1. 就地转移阶段（20世纪80年代）

改革开放之初，计划经济的色彩还比较浓厚，家庭承包责任制的推行使隐性的农业剩余人口显性化，农业剩余人口开始向城镇地区转移。20世纪80年代中期，乡镇企业异军突起，成为吸纳农业转移劳动力的主要载体。1985年7月，公安部颁布《关于城镇暂住人口管理的暂行规定》，允许农民持有暂住证长期在城镇合法居留，这一政策为农业劳动力转移提供了制度保证，农业劳动力向城镇转移规模不断扩大。20世纪80年代初，外出就业农业人口数量为200万人左右，到1989年增加到3000万人①。

2. 大规模跨地区流动阶段（20世纪90年代）

1992年，党的十四大确定了社会主义市场经济体制的改革目标，我国进入从计划经济向社会主义市场经济转型的时期，政府对农业剩余人口转移的态度也从之前的限制为主转向规范管理，引导农民工有序流动为主转变。沿海地区的快速发展创造了大量的工作机会，吸引农民工前往就业。20世纪90年代初，外出就业农民数量为6000万，20世纪末增加到1亿人左右，其流动范围也从就地就近扩大到更大范围，跨省流动的比重达到35.5%。因而，这一阶段农业转移人口流动的特点是规模扩大，跨省流动人口比重提高。

3. 规模稳定多区域流动阶段（21世纪初）

随着社会主义市场经济体系的逐步完善，加上农业剩余劳动力无限供给现象的逐渐消失，政府对农业剩余劳动力的认识也在发生变化，政策方向也从限制性的管理转变为保障农民工合法权益，为农民进城务工经商居住创造良好环境。2002—2008年，全国外出就业农民工数量年均增长595万人，年均增长5%左右，低于20世纪90年代15%的平均增速，进入了稳定增长阶段。虽然总体上农村劳动力仍然富余，但结构性供求矛盾开始凸显，农村劳动力供求关系从长期"供过于求"向"总量过剩、结构短缺"转变，"招工难"现象开始从沿海向内地扩散，并有加剧之势。从流动方向来看，农民工的区域流向发生了明显变化。据国家统计局2009年的调查，与2005年相比，东部地区吸纳外出农民工占外出农民工总数的比重从75.4%下降到62.5%，中部地区由12.3%增加到17%，西部地区从12%增加到20.2%，可见，农民工流动开始从东部地区向中西部地区转移，跨省外出比重开始下降。

---

① 国务院发展研究中心课题组：《农民工市民化进程的总体态势与战略取向》，《改革》2011年第5期。

第三章　有序推进农业转移人口市民化

党的十八大以来，有序推进农业转移人口市民化开始成为政府的工作重点。国务院相继出台了《关于进一步推进户籍制度改革的意见》《关于进一步做好为农民工服务工作的意见》《关于深入推进新型城镇化建设的若干意见》等重要文件，要求全面改革现行户籍制度，"到2020年，转移农业劳动力总量继续增加……农民工综合素质显著提高、劳动条件明显改善、工资基本无拖欠并稳定增长、参加社会保险全覆盖，引导约1亿人在中西部地区就近城镇化，努力实现1亿左右农业转移人口和其他常住人口在城镇落户"。2014年7月，国务院发布《关于进一步推进户籍制度改革的意见》，提出统一城乡户口登记制度，全面实施居住证制度……稳步推进义务教育、就业教育、基本养老、基本医疗卫生、住房保障等城镇基本公共服务覆盖全部常住人口。2015年10月，党的十八届五中全会通过的《中共中央关于制定国民经济与社会发展第十三个五年规划的建议》中明确三个挂钩机制：健全财政转移支付同农业转移人口市民化挂钩机制，建立城镇建设用地增加规模同吸纳农业转移人口落户数量挂钩机制，建立财政性建设资金对城市基础设施补贴数额与城市吸纳农业转移人口落户数量挂钩机制。这些政策的出台，标志着农业转移人口市民化已经成为新型城镇化的首要任务。

（二）推进农业转移人口市民化的重大现实意义

加快推进以人为核心的新型城镇化，促进有能力在城镇稳定就业和生活的农业转移人口有序实现市民化，是促进城镇化与工业化同步发展的内在要求和有力举措。2018年9月30日，国家发改委发布《关于督察〈推动1亿非户籍人口在城市落户方案〉落实情况的通知》指出，推动1亿非户籍人口在城市落户，是推进新型城镇化高质量发展的重要任务，是扩大内需和改善民生的有机结合点，是全面建成小康社会惠及更多人口的内在要求。因此，加快实现农业转移人口市民化，不仅是破除城乡分割体制改革的需要，也是推进城镇化健康发展的需要。

1. 有利于从根本上解决好"三农"问题

我国出现"三农"问题的根源在于农村人口多、农民转移不彻底、农业劳动力生产率水平低。在我国，农民户均土地不足半公顷，从事农业生产不可能实现全面小康。只有通过将农业剩余劳动力转移出去，减少农民数量，才有可能实现扩大农业经营规模，为实现农业现代化和增加农民收入提供条件，才有可能实现农民富裕和农村繁荣。如果转移出来的农业劳动力不能在城市里稳定下来，常年在城乡之间奔波，就无法减少农民数量，无法实现农业用地的集中，也就无从实现农业规模化经营的目标。另外，农村劳动力长期在城市从事非农业劳动，其创造的价值就留在了城市，反而对农村发展不利。长此以往，会导致城乡差距进一步加大。

2. 有利于城镇化健康发展

城镇化是经济社会发展的客观趋势，推进城镇化、提高城镇化率的实质，就是随着工业化的发展，推进农业人口非农化、非农人口市民化。当前我国城镇化质量不高的主要问题是农业转移人口市民化滞后。在我国城镇化过程中，大批农村劳动力异地转移，即农民从原来务农的村庄转入镇、县城、地级市、省城或跨省进入别的大中小城市务工，这是典型的城镇化发展形态。但是从总体上看，我国城镇化质量不高，存在一些不容忽视的问题：一是土地城镇化速度快于人口城镇化速度；二是户籍人口城镇化速度慢于常住人口城镇化速度；三是影响社会和谐稳定。农民工与城镇居民经济社会地位长期不平等，成为引发一系列社会问题的重要原因。因此，必须改变将进城农民工拒于城市之外的制度环境，促进农业转移人口向市民角色转变。

3. 有利于扩大内需，促进国民经济持续发展

经测算，农村居民人均消费水平不到城镇居民的 1/3，主要耐用消费品拥有量大大低于城市居民,住房消费和基础设施消费也远低于城市居民。伴随着农业转移人口在城镇定居,必然产生住房、交通、耐用消费品、教育、医疗等方面的消费升级,形成更大的消费需求,为企业扩大生产提供市场,促进国民经济持续稳定增长。同时,城市人口的增加也将促进城市基础设施规模扩大和管理升级,进一步提高城市能级,更好地发挥城市在国民经济发展中的带动作用。

4. 有利于产业结构优化升级

产业升级需要有能满足技术发展要求的产业工人。农业转移劳动力不能在城市定居,就很难参加系统的职业培训,不提高自身的职业技能和技术水平,就无法长期适应产业升级的需要,也很难为产业工人队伍的发展壮大贡献力量。因而,无论是加强传统产业的技术改造,发展先进制造业,还是发展战略性新兴产业,都需要为农业转移劳动力在城市定居创造条件,努力培养一支稳定的具有专业技能的劳动力队伍。服务业是扩大就业的重要渠道,服务业的发展规模,与城市规模密切相关。只有农业转移人口在城市定居,才能扩大服务业市场,并为提供高水平服务业提供充足的人力资源,促进服务业发展,提高服务业比重,优化城市的产业结构。

5. 有利于社会和谐发展

我国长期实行城乡分治的户籍管理制度,农业转移劳动力虽已进城务工,但农民的身份没有变化,不能被城市接纳为城市居民,从而一直作为城市的边缘人,从事的是建筑、纺织、勘探和环卫等诸多城市人不愿从事的艰苦行业,却享受不到应有的权利,容易积累社会矛盾,处理不好还有可能成为社会不稳定的隐患。因而,农业转移人口市民化,不仅关乎内需,更关系到民生。强化政府职能是保护农民工权益的主要力量。政府必须充分发挥主导力量,从制度、体制、政策上消除产生弱势群体的根源,真正让农业转移人口分享到发展和改革的成果。

二、影响农业转移人口市民化的主要问题

(一)农业转移人口市民化意愿存在两重性

国务院发展研究中心"促进城乡统筹发展,加快农民工市民化进程研究"课题组的问卷调查显示[①],即便不放开户口,80%的农民工也将在城镇就业居住;能够自主选择的话,90%的农民工愿意在城镇定居;多数农民工对居住地的选择与务工地重合。但是,大多数愿意进城定居的农民工希望保留承包地、宅基地和房产。

一方面,目前农业转移人口的市民化意愿非常强烈。双向流动虽然是当前农业转移劳动力外出务工的基本特征,但是半数以上的人已经在城镇稳定就业。尽管在经济不景气时,短期返乡的农民工占40%~50%,但仍然有7000多万农民工已经在城市里有稳定的就业,不再是传统意义上的流动人口。另外,新生代农民工基本上不可能再回乡务农,将近80%的新生代农民工没有从事过农业生产,他们的就业技能和生活方式已经适应城镇的环境,回乡务农和定居的可能性不大。这些新生代农民工将是未来市民化人口的主要力量。

另一方面,农业转移人口市民化的关键是家庭决策。农业转移人口市民化不等于城镇户籍,也不等于城镇公共服务,关键在于家庭定居的市民化决策。在相当长的一段时间,农业转移人口市民化被等同于户籍的转变,但是,自1992年以来,国家不再包揽城镇居民的生老病死等福利,城镇户籍的含金量明显下降,反倒是农业转移人口在家乡的土地变得珍贵起来,一些近郊区县的农业转移人口甚至对城镇户籍加以排斥。国务院发展研究中心2011年的调查显示,80%以上的农民工希望

---

① 国务院发展研究中心课题组:《农民工市民化进程的总体态势与战略取向》,《改革》2011年第5期。

保留承包地，2/3 的农民工希望保留宅基地和房产，接近 10% 的农民工能从农村集体资产获得收益。只有当农业转移人口面临着结婚生育、居家迁移和子女入学时才会考虑市民化问题。因而，赋予农业转移人口落户权，在随迁子女教育、住房保障、居民保险、社会救助等方面为他们提供与城镇户籍居民同等的公共服务，有助于提高农业转移人口在城镇的定居决策[①]。

（二）农业转移人口市民化程度普遍偏低

农业转移人口在城镇地区的经济融入、政治融入、社会文化融入存在不同程度的困难。从经济融入程度看，经济收入低。根据《2016年农民工监测调查报告》，农民工月均收入仅为城镇非私营职工月均收入的 60% 左右；就业渠道窄，在城市产业链和劳动力市场上处于低端岗位；劳动权益少，2016 年与雇主或单位签订劳动合同的农民工比重仅为 35.1%，在城镇基本上没有社会保险，大多居住在城中村、棚户区等人口聚集地，居住条件和卫生条件较差，生活设施落后，与城市文化生活相隔离，只生活在自己的熟人社会里，社会交往网络也大多是家乡的圈子，难以融入城市社会。从政治融入程度看，农民工参加工会组织的比例较低。《2016 年农民工监测调查报告》显示，进城农民工中，加入工会的农民工仅占已就业农民工人数的 11.2%，其中，经常参加工会活动的仅占 21.3%。当权益受损时，通过法律途径寻求解决方案的只占进城农民工人数的 27.2%，很多农民工在工作和生活中遇到困难和权益受损时难以找到合理的解决问题的途径。需要关注的还有，农民工由于缺乏正规组织和经济条件，业余生活匮乏，派遣渠道单调等也构成了不安定因素。

---

① 马晓河、胡拥军：《一亿农业转移人口市民化的难题研究》，《农业经济问题》2018 年第 4 期。

（三）农业转移人口市民化面临制度性障碍

制约农业转移人口市民化的制度性障碍主要包括城市户籍制度、农村土地制度和财政税收制度等。

1. 农业转移人口市民化所需的巨额公共成本分担机制不清晰

按照 2016 年国务院办公厅发布的《推动 1 亿非户籍人口在城市落户方案》，从 2017 年到 2020 年每年需要安排 1000 万农业转移人口及其随迁子女落户。为了实现这一目标，到 2020 年需要各级财政支出的公共成本总额约为 3.9 万亿元，每个农业转移人口的进城落户公共成本为 13 万元，其中义务教育、养老保险、医疗卫生、住房保障成本分别为 3.67 万元、3.72 万元、3.32 万元、2.13 万元。在全国 31 个省市自治区中，上海、广东、北京、浙江、江苏、福建、天津、山东、四川等 9 个省市的进城落户公共成本超过千亿规模。上海、北京、天津、浙江的人均进城落户公共成本位居前列，分别为 39.6 万元、29.7 万元、18.7 万元、13.3 万元。从 2017 年到 2020 年实现 1 亿人落户目标，中央财政支出部分约为 7785 亿元，其中，医疗保险、养老保险、住房保障支出金额最高，分别为 3003 亿元、2904 亿元、1216 亿元，占中央财政支出的比例分别为 38.6%、37.3% 和 15.6%。中央财政为每个进城落户农业转移人口支出的公共成本平均约为 2.59 万元，占人均进城落户公共成本总额的 21.7%。中央财政支出存在显著的地区差异，中西部地区获得的中央财政支出高于东部地区，例如，中央财政支出占比最高的省份贵州达到 86%，占比最低的上海仅为 4.6%。而东部地区需要承担的市民化公共成本为 29950 亿元，占总成本的 77%，因此，东部地区需要筹到足够资金去承担农业转移人口市民化的公共成本，面临着较大的压力。

2. 户籍制度仍然在抬高农业转移人口市民化的门槛

我国的公共服务和社会福利体系是和相应的户籍绑在一起的，导致城乡和不同地区户籍"含金量"差异较大。城镇户籍背后附带着几十种权利和福利，覆盖了劳动就业、收入、住房、教育、医疗、养老等各个领域。由于城镇户口"含金量"高，因此，很多城市，尤其是大城市并没有完全拆除包含诸多户口福利的"隐性户籍墙"。根据国务院发展研究中心2007年对劳务输出县301个村所做的调查，改革开放以来，因外出就业累积实现迁移定居的农民工，只相当于外出就业农民工的1.7%。许多一线城市积分落户政策，表面看为农民工提供了落户的可能性，但积分在短期内很难达到，而且只有农村户籍中的少量精英分子才有可能达到。此外，很多地方的户籍改革主要是针对本辖区（往往是本县或最多是地级市）的非农户口，对跨行政区的流动人口户籍基本没有放开。户籍制度抬高了农业流动人口进城落户的门槛，成为农民工谋求机会公平、待遇平等、权益保障的障碍，减缓了农业转移人口融入城市社会的进程。

3. 农村土地制度改革滞后延缓了农业转移人口市民化

农村土地的社会保障功能使得农业转移人口具有强烈的土地情结，削弱了农民工市民化的意愿。在城市公共服务尚未实现常住人口全覆盖的情况下，农村的承包地和宅基地仍然扮演着进城农民可以依赖的生活保障的角色。另外，农村土地"退出权"确实使得农业转移人口无法获得农村土地的财产性收益，降低了农业转移人口市民化的能力。家庭联产承包责任制实施之初，规定只有集体经济组织成员才能获得集体土地承包经营权，而且这种财产权是不完整的，不能像国有土地使用权那样继承、赠予和抵押。宅基地属于集体所有，禁止流转，农民在宅基地上建造的房屋也不能出售。因此，农村转移人口退出农村、放弃农民身份的机会成本很高，这也在相当程度上降低了农业转移人口市民化的意愿。如果进城农民不能从承包土地、宅基地及房屋的处置中获得财产性收入，仅靠打工获得的工资性收入，很难跨越市民化的经济成本门槛。

4. 现行的财税体制在一定程度上制约了农业转移人口市民化进程

1994年开始实施的分税制改革在保障中央政府获得更多财权的同

时,并没有增加更多的事权责任,尽管明确了省以下政府之间的财权事权关系,但没有明确省以下政府之间的财权分配框架,导致财权重心不断上移,而事权重心却又不断下移。由于全国绝大多数的市民化公共服务是由市县级政府提供的,地方政府只拿不到50%的财权,却要承担80%的事权,因此,基层地方政府财政问题日趋严重。由于财权偏紧,各级城市政府往往倾向于优先为当地城市户籍人口提供公共服务。

与城市政府的财权事权不匹配的状况不同,现在农村社会发展事权不断上收,逐步形成了各级政府分工明确、较为规范的供给体制,农村公共产品供给得到很大改善,农村对农民产生了新的吸引力。随着农村公共产品供给状况的改善,以及土地作为稀缺资源价值的提升,部分年龄较大的第一代农民工进城落户的意愿逐渐消退,更多地选择留在农村生活。这一状况也在一定程度上造成进城务工的农民工在落户选择上产生了分化。

三、推进农业转移人口市民化的政策框架

农业转移人口市民化是综合性的系统工程。一方面,城市如何接纳农业转移人口,这涉及城市户籍制度以及与此相关的社会公共服务、财税制度等制度的改革;另一方面,农业转移人口如何退出农村、是否愿意在城市落户是必须正视的问题。推动农业转移人口市民化,必须要秉承以人为本的基本理念,尊重农业转移人口自己的意愿,充分创造有利于农民进城落户的条件,将选择权放在农民手中。

(一)推进符合条件农业转移人口落户城镇

"十四五"及未来一段时间,要推动农业转移人口在城镇稳业安居,加快农业转移人口市民化,提高市民化质量,更好地满足他们融入城市的期盼。要深化户籍制度改革,以城市存量农业转移人口为重点,不断

放宽户籍准入限制，完善差别化落户政策。

1. 健全农业转移人口落户制度

2019年2月，国家发改委发布《关于培育发展现代化都市圈的指导意见》明确提出，放开放宽除个别超大城市外的城市落户限制，在具备条件的都市圈率先实现户籍准入年限同城化累积互认，加快消除城乡区域间户籍壁垒，统筹推进本地人口和外来人口市民化，促进人口有序流动、合理分布和社会融合。同年4月，国家发改委印发《2019年新型城镇化建设重点任务》，提出要突出抓好在城镇就业的农业转移人口落户工作，推动1亿非户籍人口在城市落户目标取得决定性进展。根据这些政策要求，各地不断健全农业转移人口落户制度，积极降低农业转移人口落户门槛，促进和引导农业转移人口在城镇落户。

经过中央和地方的共同努力，"十三五"期间，各省户口迁移政策全面放开放宽。中西部地区除省会（首府）城市外，基本实现了落户零门槛。东部地区普遍降低了落户条件，部分大城市取消或降低了参加城镇社会保险年限的要求。南京、武汉、成都、郑州、西安等特大城市全面放开了高校和职业院校毕业生、技术工人、留学归国人员等群体落户政策。北京、上海、广州、深圳等超大城市建立了公开透明的积分落户制度。在一系列政策的共同作用下，我国1亿人落户任务顺利完成，1亿多农业转移人口自愿有序实现了市民化。

进入2021年，国家继续强调推进户籍制度改革，加快农业转移人口市民化。2021年1月31日，中共中央办公厅、国务院办公厅印发的《建设高标准市场体系行动方案》提出，除超大、特大城市外，在具备条件的都市圈或城市群探索实行户籍准入年限同城化累计互认，试行以经常居住地登记户口制度，有序引导人口落户。同年3月5日，李克强总理在政府工作报告中提出，"十四五"时期常住人口城镇化率提高到65%。按照这些要求，户籍制度改革步伐将进一步加大，为农业转移人口市民化提供更好的条件。

2. 实施差别化落户政策

2019年以来，城市落户政策限制大幅度放开。国家发改委印发的《2019年新型城镇化建设重点任务》中明确，城区常住人口100万～300万的Ⅱ型大城市要全面取消落户限制；城区常住人口300万～500万的Ⅰ型大城市要全面放开放宽落户条件，并全面取消重点群体落户限制。超大特大城市要调整完善积分落户政策，大幅增加落户规模、精简积分项目，确保社保缴纳年限和居住年限分数占主要比例。《中华人民共和国经济和社会发展第十四个五年规划和2035年远景目标纲要》进一步提出，鼓励取消年度落户名额限制。采取差别化落户政策，既有利于加快农业转移人口市民化速度，又有利于控制落户规模和节奏。

（二）推进农业转移人口享有城镇基本公共服务

农村劳动力在城乡间流动就业是长期现象，按照保障基本、循序渐进的原则，积极推进城镇基本公共服务由主要对本地户籍人口提供向对常住人口提供转变，逐步解决在城镇就业居住但未落户的农业转移人口享有城镇基本公共服务问题。《中华人民共和国经济和社会发展第十四个五年规划和2035年远景目标纲要》提出，健全以居住证为载体、与居住年限等条件相挂钩的基本公共服务提供机制，鼓励地方政府提供更多基本公共服务和办事便利，提高居住证持有人城镇义务教育、住房保障等服务的实际享有水平。

1. 保障随迁子女平等享受受教育权利

建立健全全国中小学生学籍信息管理系统，为学生学籍转接提供便捷服务。将农民工随迁子女义务教育纳入各级政府教育发展规划和财政保障范畴，合理规划学校布局，科学核定教师编制，足额拨付教育经费，保障农民工随迁子女以公办学校为主接受义务教育。对未能在公办学校就学的，采取政府购买服务等方式，保障农民工随迁子女在普惠性民办学校接受义务教育的权利。逐步完善农民工随迁子女在流入地接受中等职业教育免学费和普惠性学前教育的政策，推动各地建立健全农民工随迁子女接受义务教育后在流入地参加升学考试的实施办法。

2. 完善公共就业创业服务体系

加强农民工职业技能培训，提高就业创业能力和职业素质。整合职业教育和培训资源，全面提供政府补贴职业技能培训服务。强化企业开展农民工岗位技能培训责任，足额提取并合理使用职工教育培训经费。鼓励高等学校、各类职业院校和培训机构积极开展职业教育和技能培训，推进职业技能实训基地建设。鼓励农民工取得职业资格证书和专项职业能力证书，并按规定给予职业技能鉴定补贴。加大农民工创业政策扶持力度，健全农民工劳动权益保护机制。实现就业信息全国联网，为农民工提供免费的就业信息和政策咨询。

3. 扩大社会保障覆盖面

扩大参保缴费覆盖面，适时适当降低社会保险费率。完善职工基本养老保险制度，实现基础养老金全国统筹，鼓励农民工积极参保、连续参保。依法将农民工纳入城镇职工基本医疗保险，允许灵活就业农民工参加当地城镇居民基本医疗保险。完善社会保险关系转移接续政策，在农村参加的养老保险和医疗保险规范接入城镇社保体系，建立全国统一的城乡居民基本养老保险制度，整合城乡居民基本医疗保险制度。完善全国统一的社会保险公共服务平台，推动社保转移接续。强化企业缴费责任，扩大农民工参加城镇职工工伤保险、失业保险、生育保险比例。推进商业保险与社会保险衔接合作，开办各类补充性养老、医疗、健康保险。

4. 改善基本医疗卫生条件

根据常住人口配置城镇基本医疗卫生服务资源，将农民工及其随迁家属纳入社区卫生服务体系，免费提供健康教育、妇幼保健、预防接种、传染病防控、计划生育等公共卫生服务。加强农民工聚居地疾病监测、疫情处理和突发公共卫生事件应对。鼓励有条件的地方将符合条件的农民工及其随迁家属纳入当地医疗救助范围。加快建设医疗保障信息系统，构建全国统一、多级互联的数据共享交换体系，促进跨地区、跨层级、跨部门业务协同办理。

5. 拓宽住房保障渠道

采取廉租住房、公共租赁住房、租赁补贴等多种方式改善农民工居住条件。完善商品房配建保障性住房政策，鼓励社会资本参与建设。农民工集中的开发区和产业园区可以建设单元型或宿舍型公共租赁住房，农民工数量较多的企业可以在符合规定标准的用地范围内建设农民工集体宿舍。审慎探索由集体经济组织利用农村集体建设用地建设公共租赁住房。把进城落户农民完全纳入城镇住房保障体系，对符合条件的采取多种方式满足基本住房需求。

（三）建立健全农业转移人口市民化推进机制

强化各级政府责任，合理分担公共成本，充分调动社会力量构建政府主导、多方参与、成本共担、协同推进的农业转移人口市民化机制。

1. 建立成本分担机制

建立健全由政府、企业、个人共同参与的农业转移人口市民化成本分担机制，根据农业转移人口市民化成本分类，明确成本承担主体和支出责任。

政府要承担农业转移人口市民化在义务教育、劳动就业、基本养老、基本医疗卫生、保障性住房以及市政设施等方面的公共成本。企业要落实农民工与城镇职工同工同酬制度，加大职工技能培训投入，依法为农民工缴纳职工养老、医疗、工伤、失业、生育等社会保险费用。农民工要积极参加城镇社会保险、职业教育和技能培训等，并按照规定承担相关费用，提升融入城市社会的能力。

2. 合理确定各级政府职责

《国务院关于实施支持农业转移人口市民化若干财政政策的通知》

指出，建立健全支持农业转移人口市民化的财政政策是党中央、国务院部署的重点改革任务之一，各级政府及其财政部门要高度重视、提高认识、尽快部署、狠抓落实。

中央政府负责统筹推进农业转移人口市民化的制度安排和政策制定，中央财政要加快调整完善相关政策，加大转移支付支持力度，建立绩效考核机制，督促地方财政部门尽快制定有关支持农业转移人口市民化的财政政策措施。"十四五"期间，要完善财政转移支付与农业转移人口市民化挂钩相关政策，提高均衡性转移支付分配中常住人口折算比例，中央财政市民化奖励资金分配主要依据跨省落户人口数量确定。建立财政性建设资金对吸纳落户较多城市的基础设施投资补助机制，加大中央预算内投资支持力度。

省级政府负责制定本行政区农业转移人口市民化总体安排和配套政策，市县政府负责制定本行政区城市和建制镇农业转移人口市民化的具体方案和实施细则。各级政府根据基本公共服务的事权划分，承担相应的财政支出责任，增强农业转移人口落户较多地区政府的公共服务保障能力。省级财政部门要结合本地区实际制定支持农业转移人口市民化的政策措施，并报财政部备案；要完善省对下转移支付制度，引导农业转移人口就近城镇化，增强省以下各级政府落实农业转移人口市民化政策的财政保障能力。

人口流入地政府尤其是东部发达地区政府要履行为农业转移人口提供基本公共服务的义务，把推动本地区新型城镇化、加快推进户籍制度改革、促进已进城农业转移人口在城镇定居落户与提供基本公共服务结合起来，通过加强预算管理，统筹使用自有财力和上级政府转移支付资金，合理安排预算，优化支出结构，切实保障农业转移人口基本公共服务需求。

3. 完善农业转移人口社会参与机制

推进农民工融入企业、子女融入学校、家庭融入社区、群体融入社会，建设包容性城市。提高各级党代会代表、人大代表、政协委员中农民工的比例，积极引导农民工参加党组织、工会和社团组织，引导农业转移人口有序参政议政和参加社会管理。加强普法宣传教育，提高农民工科学文化和文明素质，营造农业转移人口参与社区公共活动、建设和管理的氛围。城市政府和用工企业要加强对农业转移人口的人文关怀，丰富其精神文化生活。

专栏3—1

石家庄市推进农业转移人口市民化的典型经验

近年来，石家庄市重点围绕改革户籍制度、落实居住证制度、保障农业转移人口随迁子女享受义务教育等工作，积极探索，大胆创新，出台了一系列政策措施，统筹推进户籍制度改革和基本公共服务均等化，加快了农业转移人口市民化进程。

一、具体做法

1. 深化户籍制度改革。石家庄市2001年就率先在全国开始了户籍制度改革，2003年取消了城乡二元制户口区分。2015年，为切实解决长期在城镇居住生活人员的落户问题，有序引导农业转移人口、其他常住人口和各类人才向城镇转移，市政府印发了《关于深化户籍制度改革的实施意见》，在全省率先完成户籍制度改革。通过改革，全面放开了县（市）城区和建制镇落户限制，有序降低落户政策门槛。凡符合具有"合法稳定住所、合法稳定职业"两个条件之一的，本人及其共同居住生活的配偶、子女、夫妻双方父母，可以申请办理落户。同时，对直系亲属投靠及各类人才实施开放的接纳落户政策。通过改革人口统计和居住证制度，设立社区公共户口，吸引农村居民在城镇落户，并平等享有城镇的各项公共服务。户籍制度改革推进过程中，对进城落户人员所享有的农村土地承包权、宅基地使用权、集体收益分配权予以充分保障，消除了农民进城落户的后顾之忧。

2. 丰富居住证制度市民化待遇内涵。石家庄市严格落实国务院《居住证暂行条例》和《河北省居住证实施办法》，逐一梳理居住证办理规定，进一步精简办证手续，凡是公民离开常住户口所在地，到石家庄居住半年以上，符合"有合法稳定就业、合法稳定住所、连续就读"条件之一的，可申领居住证。居住证持有人可与本地户籍人口享有同等的包括免费接受义务教育、平等劳动就业等多项权利，并可享受同等的中等职业教育资助、就业扶持、住房保障、养老服务、社会福利、社会救助、随迁子女在当地参加中高考资格等方面的政策，居住证持有人享受公共服务的"含金量"越来越大，提高了流动人口办证积极性。

3. 推进随迁子女入学教育均等化。2013年至2015年，石家庄市主城区小学招收新生中随迁子女的比例分别为31.79%、33.42%和35.88%，初中分别为30.84%、31.23%和31.91%，呈逐年上升态势。面对随迁子女入学压力逐年增大的严峻形势，石家庄市印发了《关于做好进城务工人员随迁子女接受义务教育工作的意见》，进城务工人员只要提供符合条件的户籍证明、居住证、住房证明、务工或经商证明等材料，其随迁子女即可由居住地所在县（市）、区教育局调剂安排入学，几乎等同于"零门槛"接收，妥善解决了进城务工人员随迁子女接受义务教育问题。为逐步扩大优质教育资源覆盖面，石家庄市还通过开展"学区管理制"改革试点，不断均衡教育资源，积极打造集团化、联合体、城乡互助等多种教育发展模式，使更多的进城务工人员随迁子女实现了"上好学"的愿望。同时，通过改扩建中小学、增加财政投入和创新"石家庄市义务教育招生入学服务平台"，以及取消纸质材料盖章审批环节等方式，全方位做好服务保障工作。

4. 扩大住房保障覆盖面。石家庄市不断加大保障房建设力度，放宽申请条件，允许在市内持有居住证并符合保障条件的外来务工人员，与户籍人口同等申请公租房。2011年至2015年，全市累计开工建设保障性安居工程16.72万套，累计建设保障性安居工程住房总量32.1万套，城镇居民住房保障覆盖率达到20%以上。2015年，石家庄市印发了《关于进一步扩大市区公共租赁住房保障范围的通知》，再次降低准入门槛，对外来务工人员申请公租房，取消了收入限制，全面扩大了市区公共租赁住房保障范围。

二、主要成效

1. 吸引了大量农业转移人口落户城镇。2015年，石家庄市累计落户人数为39103人，申请办理和续签居住证人数75.6万人，居住证办理率达到75.1%。全市户籍人口城镇化率从2014年的41.56%提升至44.65%，常住人口城镇化率达到58.3%。2016年1月至10月，户口迁入城镇的共计36632人，新办居住证和办理居住证延期共计23万人。

2. 保障了随迁子女享有平等受教育的权利。公开、公平、公正的随迁子女入学政策，妥善解决了占主城区中小学总数三分之一多的进城务工人员随迁子女入学问题。2016年上半年，石家庄市主城区义务教育阶段学生共计29.25万人，其中进城务工人员随迁子女9.43万人，占比约32.23%。全市范围内随迁子女在公办学校接受义务教育比例为87.47%，绝大多数进城务工人员随迁子女实现了在公办学校免费接受义务教育。

3. 健全了安居保障体系。随着住房保障范围不断扩大，逐步构建起涵盖城镇中低收入住房困难家庭、新就业大学生、外来务工人员的多层次、宽范围、无缝隙的住房保障体系。截至2016年10月，市区共有33000余户居民住进干净明亮的公共保障房。住房保障体系的不断完善，为"新市民"更好地在石家庄安居创业、提升幸福感奠定了坚实基础。

4. 拓展了基本公共服务平台。在解决好农业转移人口"进得来、能安居、孩子有学上"的基础上，不断拓宽基本公共服务领域，全面提升公共服务均等化水平，确保了他们"留得住、过得好"。扩大社会保障覆盖面，实现了城镇企业职工基本养老保险政策和城乡居民社会养老保险政策全覆盖；加快推进城乡居民基本医疗保险整合，逐步建立覆盖范围统一、筹资政策统一、保障待遇统一、医保目录统一、定点管理统一、基金管理统一的城乡居民基本医疗保险市级统筹制度；全市近90万流动人口纳入城镇基本公共卫生计生服务范围，享受健康档案、健康教育等六个方面的服务项目；2016年上半年，免费为进城务工人员职业培训5万多人，完成农村劳动力向非农业产业转移就业2.6万人。

资料来源：国家发展和改革委员会发展战略和规划司：《河北省石家庄市推进农业转移人口市民化的典型经验》，2016年12月29日。

思考题

1. 为什么说"城镇化不是土地城镇化，而是人口城镇化"？
2. 在中国，推进农业转移人口市民化有哪些重要意义？
3. 如何破除影响农业转移人口市民化的障碍？

第四章 优化城镇化布局和形态

目前，中国的城镇化仍处于快速增长阶段，但随着农村可转移人口数量的减少，未来城镇化速度会有所减缓。因此，有必要认真研究中国城镇化空间格局的变化趋势，思考如何优化城镇化布局和形态，为人口与经济、社会、资源环境协调发展提供决策依据。

一、改革开放以来中国城镇化格局变动特征与趋势

（一）改革开放以来中国城镇化发展的两个阶段

根据中国城镇化的发展速度，可以将改革开放以来中国城镇化的发展分为两个阶段（表4—1）。

表4—1 不同阶段中国城镇化速度比较

阶段	年份	城镇化率年均增加幅度（%）	年均新增城市人口（万人）
城镇化稳步推进阶段	1978—1995	0.62	1054.65
城镇化快速推进阶段	1996—2019	1.36	1762.70

资料来源：根据2020年《中国统计年鉴》数据计算。

1. 城镇化稳步推进阶段（1978—1995年）

改革开放初期，经济建设成为政府的工作重心，一系列经济改革措施的实施推动了经济的快速发展，城镇化稳步发展。在这一阶段，中国的城市发展方针是"控制大城市规模，合理发展中等城市，积极发展小城市"，因而，是一种中小城市主导下的城镇化。1978—1995年，中国

城镇化率从 17.92% 提高到 28.51%，年均提高 0.62 个百分点，年均增加城镇人口 1054.65 万人。

2. 城镇化快速推进阶段（1996—2019 年）

1995 年以后，我国全面建立了社会主义市场经济体制，经济高速增长，产业结构不断升级，工业和服务业成为吸纳新增城镇人口最多的行业，中国城镇化进入持续快速增长阶段。在这一时期，城镇化上升为国家战略，城镇化方针转变为"坚持大中小城市和小城镇协调发展，积极稳妥推进城镇化"。从 1996 年到 2019 年，城镇化率提高了 31.23 个百分点，年均提高 1.36 个百分点，年均增加城镇人口 1762.70 万人。

（二）中国城镇化格局变动特征与趋势

在社会历史因素、自然环境因素和社会经济条件的综合作用下，中国的人口在不同历史时期表现出不同的分布特征和变化趋势。改革开放以来，城镇化进程的快速推进，不仅中国人口在城镇和乡村之间的分布格局发生了关键性的变化，而且城镇人口在不同区域的分布格局也在发生显著的变化，主要表现为"三个集中"。

1. 城市人口向大城市集中

1990—2000 年，中国 50 万人以下的小城市和中小城市总计新增城市人口 1291.94 万人，占全部新增城市人口的 24.11%。100 万人以上的特大城市和超大城市的新增城市人口为 2936.21 万人，占全部新增城市人口的 54.78%。而 2000—2010 年，中国小城市和中小城市的新增城市人口仅占全部新增城市人口总数的 0.1%，为 13.89 万人，其中，小城市的城市人口在"六普"时比"五普"时净减少 465.31 万人。2000—2010 年，中国特大城市和超大城市的新增城市人口分别为 3492.49 万人和 9112.83 万人，占全部新增城市人口的 24.57% 和 64.10%。可见，新增城市人口中有 88.67% 是在特大城市和超大城市，城市人口向大城市集中的趋势显著（表 4—2）。

表 4—2 1991—2010 年中国地级以上城市数量和人口规模分布

城市类型	划分标准	城市数量（个）			人口规模（万人）		
		1990年"四普"	2000年"五普"	2010年"六普"	1990年"四普"	2000年"五普"	2010年"六普"
小城市	20万人以下	51	60	24	660.68	801.02	335.71
中等城市	20万~50万人	75	115	121	2527.87	3679.47	4158.67
大城市	50万~100万人	36	53	75	2385.72	3517.42	5115.18
特大城市	100万~300万人	21	26	46	3385.84	4408.54	7901.03
超大城市	300万人以上	5	9	21	2456.08	4369.59	13482.42
合计		188	263	287	11416.19	16776.04	30993.01

资料来源：数据来源于《中国 1990 年人口普查资料》《中国 2000 年人口普查分县资料》和《中国 2010 年人口普查分县资料》。

2. 城市人口继续向东部沿海地区集中，但增速开始放缓

中国不同区域之间城镇化水平存在明显的梯度差，自东向西依次降低。2019 年城镇化率排名前 10 位的省份中有 7 个属于东部地区，1 个属于东北地区。东部地区城镇化率较高的上海、北京、天津、广东，城镇化率均超过 70%；东北地区辽宁最高，达到 68.11%；中部地区的内蒙古和湖北城镇化水平相对较高，超过 60%；西部地区重庆最高，达到 66.80%；宁夏次之，为 59.86%，其他省份相对较低，最低的西藏只有 31.50%。

从城镇化区域格局的发展趋势看，东部地区发展最快，中、西部次于东部，东北地区发展最慢。1990—2010 年，东部地区城镇化率提高 34.55%，中部和西部地区分别提高 20.2 个百分点和 21.7 个百分点，而东北部地区仅提高 9.0 个百分点。总体上，东部地区不仅城镇化水平高，而且长期以来也是城镇人口的主要聚集地，其人口规模增加对全国城镇化率提高的贡献超过其他区域。2009—2010 年，东部地区的贡献率一直在50%左右，2010年超过了60%；中、西部地区贡献率次之，在20%左右；东北地区贡献率最低，基本维持在5%左右。

需要注意的是，2010年以来，随着沿海地区产业转型升级、中西部地区产业承接以及老一代农民工年龄变老，部分人口逐渐回流中西部。在东部地区就业的农民工规模在2012年达到峰值，省外就业的外出农民工规模、人户分离人口规模、流动人口规模均在2014年达到峰值然后下降，2015年人口抽样调查表明，2010—2015年的跨省迁移人口已较2005—2010年下滑。一方面，珠三角、长三角、京津冀2017年的经济份额为36.8%，较2010年下滑0.9个百分点；2017年人口占比为22.3%，仅提高0.3个百分点，表明人口仍在集聚但已放缓。其中，长三角人口占比下滑0.1个百分点。另一方面，中西部农民工输出大省常住人口增长明显加快，四川、湖北、贵州等之前人口一度负增长的地区逐渐重回正增长。

3. 城镇人口向主要城市群尤其是发达城市群集中

城市群已成为中国集聚人口和经济的重要单元，也是推进中国城镇化进程的主要空间载体。目前，中国已经形成了京津冀、长三角、珠三角等10个较为成熟的城市群。2000年和2010年上述10个城市群的城镇人口分别达到23572.34万人和34247.23万人，在这10年间城镇化贡献率均超过50%（表4—3）。长三角、珠三角、京津冀三大城市群作为中国城市群中最成熟的三个，以全国5%的土地面积集聚了23.3%的人口，创造了39.3%的GDP，成为带动我国经济快速增长和参与国际经济合作与竞争的主要平台。除三大城市群外，成渝、长江中游两个城市群共覆盖5个省份，是其中规模较大、同时也是最具发展潜力的跨省级城市群，两大城市群以5.2%的土地面积集聚了15.5%的人口，创造了15.6%的GDP。从区位、资源禀赋和近期增长趋势看，成渝地区和长江中游地区未来有望成为中国西部地区和中部地区城市群的发展代表。

表4—3 2000—2010年中国主要城市群城镇化水平及城镇化贡献率变化（万人，%）

城市群	2000年"五普" 城镇人口	2000年"五普" 城镇化率	2000年"五普" 城镇化贡献率	2010年"六普" 城镇人口	2010年"六普" 城镇化率	2010年"六普" 城镇化贡献率
京津冀	3104.93	43.79	6.77	5022.58	59.95	7.50
珠三角	2956.39	68.95	6.44	4643.01	82.72	6.93
长三角	5056.92	57.84	11.02	7500.59	69.69	11.19
辽中南	1886.68	60.70	4.11	2248.65	67.87	3.36
山东半岛	2286.29	45.78	4.98	3042.73	56.04	4.54
海峡西岸	1112.19	42.74	2.42	1728.76	59.23	2.58
中原	1178.76	31.03	2.57	1901.91	45.79	2.84
长江中游	2233.98	38.27	4.87	2771.29	48.38	4.14
关中	868.79	35.92	4.89	1223.68	47.53	1.83
成渝	2887.41	30.78	6.29	4146.03	46.12	6.21
总计	23572.34	—	51.38	34247.23	—	51.44
全国	45877.10	36.92	—	66573.45	49.95	—

资料来源：根据《中国2000年人口普查分县资料》和《中国2010年人口普查分县资料》计算。

2010年以来，城镇人口向大城市群集聚更为明显。根据GDP、城镇居民人均可支配收入以及城市政治地位等，可将公布常住人口数据的338个地级及以上单位划分为一线、二线、三线、四线城市，其中，一线城市为北上广深4个，2016年GDP在1.9万亿元以上；二线城市为多数省会城市、计划单列市及少数发达地级单位共32个，GDP多在6000亿元以上；三线城市主要为GDP在2000亿元以上的弱小省会城市和相关地级单位共74个；四线城市主要为GDP在2000亿元以下的其余地级单位共199个。在全域层面，一线、二线城市人口持续流入，三线城市流入流出基本平衡，四线城市持续流出[①]。进一步细分，与一般三四线城市明显不同，发达城市群的三四线城市人口仍稍有流入。2001—2010年、2011—2016年，珠三角城市群的三四线城市年均增速分别为2.24%、0.61%，长三角城市群三四线城市群分别为0.52%、0.78%。与两个时期全国人口平均增速0.57%、0.51%相比，珠三角城市群三四线城市在2001—2010年人口明显流入、2011—2016年略有流入，长三角城市群三四线城市在2011—2016年人口稍有流入。而在中西部城市群，三四线城市人口多为净迁出。比如，成渝城市群扣除成都、重庆主城九区后，两个时期人口年均增速分别为－1.3%、0.48%；而长江中游城市群扣除武汉、长沙、南昌后，两个时期人口年均增速分别为0.03%、0.35%。

二、 我国城市规模分布演化和现状特征

改革开放以来，在城镇化快速推进的过程中，大中小城市发展差距扩大成为影响城镇化质量提升的重要方面。一方面，大城市空间无序扩张，房价高企，交通拥堵，环境污染严重；另一方面，中小城市发展速度相对较慢，城市功能缺失，城市建设滞后。同时，大中小城市之间尚未建立起良好的互补关系，难以真正实现协调发展。《国家新型城镇化规划（2014—2020）》提出优化城市规模结构的战略任务。城市规模结构涉及人口规模、经济规模、产业关联等诸多方面，其中，城市人口规

[①] 1982—2016年，一线、二线城市人口年均增速均显著高于全国平均水平，且一线城市增速更高，表明人口长期净流入且向一线城市集聚更多。其中，1991—2000年、2001—2010年、2011—2016年，一线城市人口年均增速分别为3.9%、3.4%、1.5%，二线城市分别为1.7%、1.7%、1%，表明2011年以来一二线城市人口流入放缓但仍保持集聚，放缓的原因包括京沪控人、人口老化、农民工回流等。上述三个时期，三四线合计人口年均增速分别为0.68%、0.31%、0.45%，而全国人口平均增速为1.04%、0.57%、0.51%，表明2011年以来人口虽有回流但仍在持续净流出。其中，2001—2010年、2011—2016年三线城市人口年均增速分别为0.63%、0.57%，基本持平于全国0.57%、0.51%的人口增速；四线城市人口年均增速为0.11%、0.33%，明显低于全国平均水平。

模是最重要的指标。

（一）城市规模分布与齐普夫定律

齐普夫定律是美国语言学家 G. K. 齐普夫（George Kingsley Zipf）于 20 世纪 40 年代提出的词频分布定律。它可以表述为：如果把一篇较长文章中每个词出现的频次统计起来，按照高频词在前、低频词在后的递减顺序排列，并用自然数给这些词编上等级序号，即频次最高的词等级为 1，频次次之的等级为 2，……，频次最小的词等级为 D。若用 f 表示频次，r 表示等级序号，则有 fr＝C（C 为常数）。人们称该式为齐普夫定律。

国际上有关城市的研究发现，城市规模分布符合齐普夫定律。也就是说，一个国家或地区的城市数量与城市规模之间存在反向关系，城市规模一般会随着城市数量的增加而缩小，理想的城市规模分布最终会趋向符合齐普夫定律。齐普夫定律表达了人口在城市间可以自由流动的条件下，一定规模以上城市人口最终收敛于一种稳定的状态，在此状态下，城市规模分布形态能够实现要素配置效率的最优化，以及城市间居民实际效用水平的均等化。

（二）中国城市规模分布演化及其影响因素

新中国成立以来，中国城市规模分布一直处于变化之中。孙斌栋等使用 2014 年人口大于 30 万的 398 个城市（集聚区）在 1952—2014 年间的常住人口作为基础数据测度了中国城市规模分布的变化情况，发现 1952 年以来中国城市规模演化可以分为五个阶段：1952—1961 年的集中发展阶段；1961—1984 年的分散发展阶段；1984—1994 年的集中发展阶段；1994—2001 年的分散发展阶段；2001—2014 年的集中发展阶段[①]。

---

① 孙斌栋、金晓溪、林杰：《走向大中小城市协调发展的中国新兴城镇化格局》，《地理研究》2019 年第 1 期。

中国城市规模分布的波动在很大程度上与国家政策尤其是城镇化政策有密切关系。20世纪50年代至60年代初，在"重点建设"政策指引下，中国的城市建设专注于工业大城市，区位条件优越的大中城市得以优先发展。20世纪60年代后，在"控制大城市规模和发展小城镇"的城市发展方针指导下，分散的力量大于集中的力量，城市规模分布走向分散。改革开放初期，乡镇企业异军突起，进一步减少了人口向大城市的流动，人口在各等级的城市中分布分散。80年代中期，市场经济占据主导地位，大城市发展迅速，城市首位度提高。1990年，城市规划法明确提出要"严格控制大城市规模，合理发展中等城市和小城市"的方针，大城市规模得到严格控制，中小城市发展步伐加快，城市规模趋于分散。2007年，"十五"规划纲要发布，提出要走符合中国国情的大中小城市和小城镇协调发展的多样化城镇化道路，逐渐放开户籍制度，促进了大城市的发展，城市规模分布又向集中化发展。

（三）当前中国城市规模分布特征

2000年以后，随着户籍制度的放开以及劳动力市场的完善，人口在城市之间的流动更加自由，城市人口规模分布日趋合理化。但是，不同地区的城市规模分布呈现出不同的特点。

1. 不同规模城市空间分布不均衡

中国城市和人口的空间不均衡分布主要体现在东中西部的地带性差异上。2012年，中国东部地区国土面积占全国的10%，有233座城市，城市数量占全国的35.6%，城市非农业人口占全国的48.8%；西部地区72%的国土面积有165座城市，城市数量仅占全国的25.2%，城市非农业人口仅占19.5%。从不同规模城市的空间分布看，东部地区集中了全国50万人口以上大城市总数的46.3%，其中非农业人口大于100万的特大城市的比例达到55.4%，而西部地区只有16座大城市，占全国大城市总数的16.3%；东部地区小城市55座，占全国的比例为22.5%，明显低于大城市的比例，而西部地区小城市80座，占全国的32.7%，显著高于该地区大城市的比例。也就是说，东部地区以较少的国土面积高度集聚了大量的城市和人口，而且，大城市在东部地区的集聚程度更高。越往西部地区，人口密度越低，城市数量越少。从整体上看，中国城市的空间分布表现出从东向西逐级递减的规律。中国城市的这种空间分布格局造成局部地区面临巨大的资源环境压力，能源和大宗商品跨区域流动，并造成区域经济发展的空间失衡。

中国城市的空间分布还表现为沿大江大河及主要交通干线分布[①]。从大江大河沿线看，中国基本形成了沿长江城市分布带、沿黄河城市分布带和沿珠江城市分布带，这三条重要的大江大河城市带占全国11.44%的国土面积，集聚了全国19.33%的城市和25.19%的城市人口，城市密度和人口密度分别是全国平均水平的1.48倍和2.18倍。其中，沿长江城市分布带的城市规模最大，有60座城市，城市人口超过4700万。从交通干道看，中国已经形成了京广线城市带、京哈线城市带、京沪线城市带和陇海—兰新城市带，这四条重要的沿交通干道城市分布带以占全国10.97%的国土面积，集聚了全国34.86%的城市和55.71%的城市人口，城市密度和人口密度分别是全国平均水平的2.78倍和5.03倍；四条交通干道城市分布带囊括了除成都、太原、大连、青岛、合肥、南宁以外的其他29个城区人口超过200万的特大城市。同时，沪昆铁路沿线城镇发展轴、包南（包头—西安—重庆—贵阳—南宁）沿线城镇发展轴两条发展轴初具雏形。良好的交通条件便利了城市之间的联系，促进了沿线城市经济发展。

2. 不同地区城市规模分布有显著差异

东北地区的城市人口分布基本合理，但在城市体系中，中小城市规

---

① 关兴良、魏后凯、鲁莎莎等：《中国城镇化进程中的空间集聚、机理及其科学问题》，《地理研究》2016第2期。

模偏小，急需加快产业结构转型，培育中小城市的特色新兴产业，增强人口集聚能力。

华北地区城市体系由于北京的扩张造成要素过度集聚，产生了集聚不经济问题，急需疏解首位城市人口，并增加特大型城市的数量。

华东地区城市体系发育最成熟，人口规模结构较为合理，市场机制在城市体系发育中发挥着积极的作用。

华中地区虽有武汉这样的大城市，但城市体系中缺少承上启下的特大城市，需要重点培养这些超大型城市。

华南地区大城市扩张迅速，广州、深圳等城市人口规模膨胀，而中小城市的规模扩张明显不足，需要加快培育中小城市。

西北地区城市体系趋于合理，但大城市规模不够，缺乏具有区域辐射力的中心城市，急需进一步增强西安、兰州和乌鲁木齐等大城市的聚集能力和辐射带动能力。

西南地区大中小城市结构较为合理，但各等级城市都存在规模偏小，产业集聚水平和人口吸纳能力不足的问题，急需尽快提升城市能级。

三、 充分发挥城市群的重要平台作用

城市群的形成是经济发展和产业布局的客观反映，城市群地区既是人口居住的密集区，也是支撑一个国家或地区经济发展、参与国际竞争的核心区。中国应根据土地、水资源、大气环流特征和生态环境承载能力，优化城镇化空间布局和城镇规模结构。在《全国主体功能区规划》确定的城镇化地区，按照统筹规划、合理布局、分工协作、以大带小的原则，发展集聚效率高、辐射作用大、城镇体系优、功能互补强的城市群，使之成为支撑全国经济增长、促进区域协调发展、参与国际竞争合作的重要平台。

（一）优化提升东部地区城市群

1. 东部地区城市群发展面临的挑战

东部地区城市群主要分布在优化开发区域，面临水土资源和生态环境压力加大、要素成本快速上升、国际市场竞争加剧等制约，必须加快经济转型升级、空间结构优化、资源永续利用和环境质量提升。

以京津冀城市群为例。京津冀城市群包括北京、天津2座超大城市、5座大城市（100万～500万人口）、21座中等城市、3座小城市。在城市群中，北京和天津的核心地位突出，大城市病与大城市周边贫困带并存，城市之间经济发展水平落差大，大城市的虹吸效应大于城市之间的协同效应，造成区域经济发展不平衡。2006—2016年，北京人口占城市群总人口的比重从16.54%增加到19.39%，天津人口从11.25%增加到13.94%，河北省人口则从72.2%下降到66.67%。由于城市群内部城市功能不协调，高污染制造企业在环北京区域密集分布，造成空气质量恶化。2014年环保部公布的空气质量较差的前10座城市中京津冀地区占8个。京津冀三地政府迫切需要联合采取行动，促进产业转移从"梯度"向"平行"转变，减少高能耗、高污染的第二产业比重，大力发展第三产业尤其是现代服务业，依靠创新驱动经济发展，提高经济发展质量。

长三角城市群也面临着生态系统功能退化、环境质量趋于恶化的问题。长三角水、土、大气污染等问题频发，湿地破坏严重，外来有害生物威胁加剧，太湖、巢湖等主要湖泊富营养化问题严峻，内陆河湖水质恶化，约半数河流监测断面水质地域Ⅲ类标准；近岸海域水质量下降，海域水体呈中度富营养化状态。区域性灰霾天气日益严重，江浙沪地区全年空气质量达标天数少于250天，城市生活垃圾和工业废弃物急剧增加，土壤复合污染加剧，部分农田土壤多环芳烃或重金属污染严重。长三角城市群必须大力提升在生态环境方面的软实力，通过环境立法、协同防治，在总量控制、信息通报、排污权交易、行业标准等方面，在大气污染、水污染等领域进行全方位合作，建设生态型城市群。

2. 京津冀、长江三角洲和珠江三角洲城市群的发展目标和建设重点

京津冀、长江三角洲和珠江三角洲城市群，是我国经济最具活力、开放程度最高、创新能力最强、吸纳外来人口最多的地区，要以建设世界级城市群为目标，继续在制度创新、科技进步、产业升级、绿色发展等方面走在全国前列，加快形成国际竞争新优势，在更高层次参与国际合作和竞争，发挥其对全国经济社会发展的重要支撑和引领作用。科学定位各城市功能，增强城市群内中小城市和小城镇的人口经济集聚能力，引导人口和产业由特大城市主城区向周边和其他城镇疏散转移。依托河流、湖泊、山峦等自然地理格局建设区域生态网络。

京津冀以全国2.3%的国土面积，承载了全国8%的人口，贡献了全国9.23%的国内生产总值，吸引了全国25%的外商直接投资，研发经费支出占全国的15%。京津冀城市群是我国重要的政治、经济、文化、科技创新和国际交往中心，随着世界级城市群的建设，未来将在协调国际分工、引领"一带一路"发展中发挥重要作用。当前，京津冀城市群处于城市之间走向协同发展的关键时期，应在抓产业布局、补环境短板、构建城市网络三个方面精准发力，以北京科创中心建设为带动，着力提高区域技术创新能力；充分利用天津已有的产业基础，承接好北京技术创新的成果转化，打造全国先进制造研发基地；围绕创新发展着力提升河北基础设施条件和生态人文环境，以新型城镇化和城乡统筹为主要路径，打造产业转型升级试验区，同时以服务首都功能为核心，打造环首都文旅休闲基地。

长江三角洲城市群包括上海、江苏、浙江和安徽，区域面积35.44万平方公里，占国土面积的3.69%，是中国经济发展最活跃的地区之一，被视为中国经济发展的重要引擎。长三角的发展要从五个方面集中发力。一要打造改革新高地。复制推广自由贸易试验区、自主创新示范区等的成熟改革经验,在政府职能转变、体制机制创新等方面先行先试,推进金融、土地、产权交易等要素市场一体化建设,开展教育、医疗、社保等公共服务和社会事业合作。二要争当开放新尖兵。大力吸引外资,集聚国际化人才,扩大服务业对外开放,探索建立自由贸易港区,推进贸易便利化,促进外贸稳定发展和升级。三要带头发展新经济。实施创新驱动发展战略,营造大众创业、万众创新良好生态,健全协同创新机制,强化装备制造、信息技术、生物制药、汽车、新材料等高端制造业关键领域创新,发展金融、研发、物流等现代服务业,培育壮大新动能,改造提升传统产业。四要以生态保护提供发展新支撑。实施生态建设与修复工程,深化大气、土壤和水污染跨区域联防联治,建立地区间生态保护补偿机制。五要创造联动发展新模式。发挥上海中心城市作用,推进南京、杭州、合肥、苏锡常、宁波等都市圈同城化发展。构建以铁路、高速公路和长江黄金水道为主通道的综合交通体系,促进信息、能源、水利等基础设施互联互通。到2030年,全面建成具有全球影响力的世界级城市群。

珠江三角洲城市群包括"广佛肇+韶清云"(广州、佛山、肇庆+韶关+清远+云浮)、"深莞惠+汕尾、河源"(深圳、东莞、惠州+汕尾+河源)、"珠中江+阳江"(珠海、中山、江门+阳江)等三个新型都市区。大珠江三角洲地区还包括香港、澳门特别行政区。珠江三角洲城市群是亚太地区最具活力的经济区之一,它以广东70%的人口,创造着全省85%的GDP。它是有全球影响力的先进制造业基地和现代服务业基地,南方地区对外开放的门户,中国参与经济全球化的主体区域,全国科技创新与技术研发基地,全国经济发展的重要引擎,辐射带动华南、华中和西南发展的龙头,是我国人口集聚最多、创新能力最强、综合实力最强的三大区域之一,有"南海明珠"之称。2015年9月29日,珠三角国家自主创新示范区获国务院批复同意,目标是把珠三角建设成为中国开放创新先行区、转型升级引领区、协同创新示范区、创新创业生态区，打造成为国际一流的创新创业中心；探索科学发展模式试验区；赋予珠江三角洲地区发展更大的自主权，支持率先探索经济发展方式转变、城乡区域协调发展、和谐社会建设的新途径、新举措，走出一条生产发展、生活富裕、生态良好的文明发展道路，为全国科学发展提供示范。

3. 东部地区其他城市群的发展重点

东部地区其他城市群，要根据区域主体功能定位，在优化结构、提高效益、降低消耗、保护环境的基础上，壮大先进装备制造业、战略性新兴产业和现代服务业，推进海洋经济发展。充分发挥区位优势，全面提高开放水平，集聚创新要素，增强创新能力，提升国际竞争力。统筹区域、城乡基础设施网络和信息网络建设，深化城市间分工协作和功能互补，加快一体化发展。

山东半岛城市群覆盖山东省17个设区市，北邻京津冀，南接长三角，东与日韩隔海相望，西引黄河流域。山东半岛城市群的发展有四大定位：一是深化对外开放，推进与"一带一路"沿线地区互联互通，建设成为新亚欧大陆桥东方桥头堡、黄河流域龙头城市群、我国北方重要开放门户。二是强化与京津冀和长三角城市群多通道联系，积极承接北京非首都城市功能，建设成为京津冀和长三角重点联动区。三是以黄河三角洲高效生态经济区、山东半岛蓝色经济区和青岛西海岸新区为依托，培育壮大海洋优势产业集群，建设成为具有国际竞争力的蓝色经济示范区和高效生态经济区。四是深入实施创新驱动战略，加快建设山东半岛国家自主创新示范区，发展成为环渤海地区重要增长极。到2030年，城市群综合竞争力保持全国先进位次，全面建成发展活力足、一体化程度高、核心竞争力强的现代化国家级城市群。

海峡西岸城市群又名海峡西岸经济区，是以福州、泉州、厦门、温州、汕头5大中心城市为核心，包含福建省的福州、厦门、泉州、莆田、漳州、三明、南平、宁德、龙岩，浙江省的温州、丽水、衢州，江西省的上饶、鹰潭、抚州、赣州，广东省的汕头、潮州、揭阳、梅州共计 20 个地级市所组成的国家级城市群。海峡西岸城市群隔台湾海峡与台湾省相望，既是开展对台合作，促进和平统一的基地，又可在合作中加快发展。加快海峡西岸经济区建设，将进一步促进海峡两岸经济紧密联系，互利共赢，推进祖国统一大业。海峡西岸城市群在经济产业发展方面，要转变经济发展方式，加快产业结构调整和优化升级，推进经济又好又快发展，构建我国区域经济新的"增长极"。

（二）培育发展中西部地区城市群

1. 中部地区城市群发展现状和战略目标

中西部城镇体系比较健全、城镇经济比较发达、中心城市辐射带动作用明显的重点开发区域，要在严格保护生态环境的基础上，引导有市场、有效益的劳动密集型产业优先向中西部转移，吸纳东部返乡和就近转移的农民工，加快产业集群发展和人口集聚，培育发展若干新的城市群，在优化全国城镇化战略格局中发挥更加重要的作用。

以中原城市群为例。中原城市群以河南省郑州市、开封市、洛阳市、平顶山市、新乡市、焦作市、许昌市、漯河市、济源市、鹤壁市、商丘市、周口市和山西省晋城市、安徽省亳州市为核心发展区，地处全国"两横三纵"城市化战略格局陆桥通道与京广通道交汇区域，极具发展潜力，当前正处于提质升级、加快崛起的关键阶段，具有在高起点上加快发展的优势和机遇，必须立足现有基础，紧紧抓住重大机遇，强化发展优势、补齐发展短板，实现持续健康发展，成为我国经济社会发展的重要战略支撑。

中原城市群的发展基础具有综合实力较强、交通区位优越、城镇体系完整、自然禀赋优良、文化底蕴深厚等特点。根据中原城市群的现状基础和发展定位，将中原城市群的战略目标确定为，着眼国家现代化建设全局，发挥区域比较优势，强化创新驱动、开放带动和人才支撑，提升综合交通枢纽、产业创新中心地位，打造资源配置效率高、经济活力强、具有较强竞争力和影响力的国家级城市群。具体包括：第一，建设经济发展新增长极。深入推进供给侧结构性改革，强化大都市区引领和中心城市带动，建设高端发展平台，提升城市群综合实力，打造体制机制较为完善、辐射带动力强的发展区域，成为与长江中游城市群南北呼应、共同带动中部地区崛起的核心增长区域和支撑全国经济发展的新空间。第二，培育重要的先进制造业和现代服务业基地。坚持高端化、集聚化、融合化、智能化战略取向，发展壮大先进制造业和战略性新兴产业，加快发展现代服务业，推动一二三产业融合发展，培育一批位居国内行业前列的先进制造业龙头企业和产业集群，建成具有全球影响力的物流中心、国际旅游目的地和全国重要的商贸中心。第三，打造中西部地区创新创业先行区。发挥国家自主创新示范区引领带动作用，完善区域创新平台，健全区域创新创业生态系统，深度融入全球创新网络，促进各类创新资源综合集成，大力推动大众创业、万众创新，激发各类创新主体、创业人才的动力活力，努力在创新创业方面走在全国前列。第四，形成内陆地区双向开放新高地。完善连接国内主要城市群的综合运输通道，构建横贯东中西、联结南北方的开放经济走廊，全面加强与周边地区和国内其他地区的合作互动；强化郑州航空港和其他重要交通枢纽的对外开放门户功能，打造对内对外开放平台，营造与国内外市场接轨的制度环境，加快形成全方位、多层次、宽领域的双向开放格局，形成具有全球影响力的内陆开放合作示范区。第五，建设绿色生态发展示范区。牢固树立和践行生态文明理念，加强生态环境保护，传承弘扬中原优秀传统文化，推动历史文化、自然景观与现代城镇发展相融合，打造历史文脉和时尚创意、地域风貌和人文魅力相得益彰的美丽城市，建设生态环境优良的宜居城市群。

2. 西部地区城市群的发展目标和建设重点

加快培育成渝、中原、长江中游、哈长等城市群，使之成为推动国土空间均衡开发、引领区域经济发展的重要增长极。加大对内对外开放力度，有序承接国际及沿海地区产业转移，依托优势资源发展特色产业，加快新型工业化进程，壮大现代产业体系，完善基础设施网络，健全功能完备、布局合理的城镇体系，强化城市分工合作，提升中心城市辐射带动能力，形成经济充满活力、生活品质优良、生态环境优美的新型城市群。依托陆桥通道上的城市群和节点城市，构建丝绸之路经济带，推动形成与中亚乃至整个欧亚大陆的区域大合作。

以成渝城市群为例。成渝城市群具体范围包括重庆市的渝中、万州、黔江、涪陵、大渡口、江北、沙坪坝、九龙坡、南岸、北碚、綦江、大足、渝北、巴南、长寿、江津、合川、永川、南川、潼南、铜梁、荣昌、璧山、梁平、丰都、垫江、忠县等27个区（县）以及开县、云阳的部分地区，四川省的成都、自贡、泸州、德阳、绵阳（除北川县、平武县）、遂宁、内江、乐山、南充、眉山、宜宾、广安、达州（除万源市）、雅安（除天全县、宝兴县）、资阳等15个市，总面积18.5万平方公里，2014年常住人口9094万人，地区生产总值3.76万亿元，分别占全国的1.92％、6.65％和5.49％。发展成渝城市群，有四大基础优势。一是区位优势明显；二是经济发展水平较高；三是城镇体系日趋健全；四是经济社会人文联系密切。

培育发展成渝城市群，发挥其沟通西南西北、连接国内国外的独特优势，推动"一带一路"和长江经济带战略契合互动，有利于加快中西部地区发展、拓展全国经济增长新空间，有利于保障国土安全、优化国土布局。

成渝城市群的发展目标是基本建成经济充满活力、生活品质优良、生态环境优美的国家级城市群。建设重点包括三个方面。第一，建立健全功能完备、布局合理的城镇体系。具有世界影响力的国际文化交往、旅游消费等功能初步培育形成，具有国家级重要意义的优势产业集聚等功能更加强化，具有区域带动作用的现代化生产性服务功能得到提升。

第四章　优化城镇化布局和形态

重庆、成都核心城市的区域辐射带动力持续增强，一批区域性中心城市快速崛起，实力较强的城镇密集区初步形成，区域开放通道上的节点城市发育壮大，功能完备、布局合理、大中小城市和小城镇协调发展的城镇体系基本形成，城镇综合承载力得到有效增强。第二，全面建立保障有力的支撑体系和生态格局。新型工业化进程加快，产业集聚带动能力显著增强。国际化内陆开放高地全面建成，开放型区域创新体系和创新型经济形态基本形成。有效衔接大中小城市和小城镇的多层次快速交通运输网络基本形成，通信、能源、水利设施保障能力明显提升。生态安全格局和环境分区管制制度基本形成，资源利用更加高效，集约紧凑式开发模式成为主导，整体形成生产空间集约高效、生活空间宜居适度、生态空间山清水秀的可持续发展格局。第三，进一步完善区域协同发展的体制机制。阻碍生产要素自由流动的行政壁垒和体制机制障碍基本消除，区域市场一体化步伐加快，区域交通互联互通、公共服务设施共建共享、生态环境联防联控联治、创新资源高效配置和开放共享的机制不断建立，城市群成本共担和利益共享机制不断创新，川渝合作、各类城际合作取得实质性进展，重点跨界地区一体化步伐加快，多元化主体参与、多种治理模式并存的城市群治理机制建设取得突破。到2030年，重庆、成都等国家中心城市的辐射带动作用明显增强，城市群一体化发展全面实现，同城化水平显著提升，创新型现代产业支撑体系更加健全，人口经济集聚度进一步提升，国际竞争力进一步增强，实现由国家级城市群向世界级城市群的历史性跨越。

3. 发展中西部地区城市群必须彻底改变传统发展模式

中部地区是我国重要粮食主产区，西部地区是我国水源保护区和生态涵养区。培育发展中西部地区城市群，必须严格保护耕地特别是基本农田，严格保护水资源，严格控制城市边界无序扩张，严格控制污染物排放，切实加强生态保护和环境治理，彻底改变粗放低效的发展模式，确保流域生态安全和粮食生产安全。

以长江中游城市群为例。长江中游城市群是以武汉城市圈、环长株潭城市群、环鄱阳湖城市群为主体形成的特大型城市群，承东启西、连南接北，是长江经济带的重要组成部分，也是实施促进中部地区崛起战略、全方位深化改革开放和推进新型城镇化的重点区域，在我国区域发展格局中占有重要地位。长江中游城市群有一个重要的战略定位就是建设"两型"社会建设引领区。加快资源节约型与环境友好型社会建设，推动形成绿色低碳的生产生活方式和城市建设管理模式，建立跨区域生态建设和环境保护的联动机制，扩大绿色生态空间，打造具有重要影响力的生态型城市群，为全国"两型"社会和生态文明建设积累新经验、提供典型示范。

生态文明共建是长江中游城市群规划和建设的一个亮点。建立健全跨区域生态文明建设联动机制，编制实施城市群环境总体规划，严格按照主体功能定位推进生态一体化建设，加强生态环境综合治理，推动城市群绿色发展，形成人与自然和谐发展格局。首先，共同构筑生态屏障，包括共同保护水资源水环境、共建城市群"绿心"、构建生态廊道。其次，共促城市群绿色发展，包括提高资源利用水平、大力发展循环经济、倡导绿色低碳生活方式。最后，共建跨区域环保机制，包括加强环境污染联防联治、完善生态补偿机制、实施环境监管执法联动。

四、构建"两横三纵"城镇化战略格局

构建以陆桥通道、沿长江通道为两条横轴，以沿海、京哈京广、包昆通道为三条纵轴，以轴线上城市群和节点城市为依托、其他城镇化地区为重要组成部分，大中小城市和小城镇协调发展的"两横三纵"城镇化战略格局。

（一）促进各类城市协调发展

优化城镇规模结构，增强中心城市辐射带动功能，加快发展中小城

市，有重点地发展小城镇，促进大中小城市和小城镇协调发展。

1. 增强中心城市辐射带动功能

直辖市、省会城市、计划单列市和重要节点城市等中心城市，是我国城镇化发展的重要支撑。沿海中心城市要加快产业转型升级，提高参与全球产业分工的层次，延伸面向腹地的产业和服务链，加快提升国际化程度和国际竞争力。内陆中心城市要加大开发开放力度，健全以先进制造业、战略性新兴产业、现代服务业为主的产业体系，提升要素集聚、科技创新、高端服务能力，发挥规模效应和带动效应。区域重要节点城市要完善城市功能，壮大经济实力，加强协作对接，实现集约发展、联动发展、互补发展。特大城市要适当疏散经济功能和其他功能，推进劳动密集型加工业向外转移，加强与周边城镇基础设施连接和公共服务共享，推进中心城区功能向1小时交通圈地区扩散，培育形成通勤高效、一体发展的都市圈。

以上海为例。《上海市城市总体规划（2017—2035年）》明确了上海的城市性质，即上海是我国的直辖市之一，长江三角洲世界级城市群的核心城市，国际经济、金融、贸易、航运、科技创新中心和文化大都市，国家历史文化名城，并将建设成为卓越的全球城市、具有世界影响力的社会主义现代化国际大都市。上海的城市目标愿景是"卓越的全球城市，令人向往的创新之城、人文之城、生态之城，具有世界影响力的社会主义现代化国际大都市"。

未来的上海，将进一步提升全球城市核心功能。以上海张江综合性国家科学中心为核心，发展多样化的创新空间，营造激发创新活力的制度环境，向具有全球影响力的科技创新中心进军。通过提高国际金融功能影响力和国际贸易服务辐射能级，提升对全球经济辐射能力。塑造国际文化大都市品牌和城市整体形象，打造国际时尚设计之都和世界著名旅游目的地城市，扩大国际文化影响力。着力保障先进制造业发展，锁定一批承载国家战略功能，代表国内制造业最高水平的产业基地，产业基地内工业用地面积不少于150平方公里。

建设更开放的国际枢纽门户。进一步提高上海国际国内两个扇面的服务辐射能力，提升海港、空港、铁路等国际门户枢纽地位，增强区域交通廊道上的节点功能。规划形成国际（含国家级）枢纽—区域枢纽—城市枢纽的枢纽体系，建设浦东枢纽、虹桥枢纽和洋山深水港区国际级枢纽，进一步巩固提升上海亚太地区门户枢纽的地位。

强化便捷高效的综合交通支撑。形成"一张网、多模式、全覆盖、高集约"的轨道交通网络，包括城际线、市区线、局域线三个层次各1000公里，强化新城与主城区、两场之间、新城与重点镇之间的快速联系，基本实现10万人以上新市镇轨道交通站点全覆盖。适应绿色交通要求和城市生活方式转变，优化慢行交通。完善城市物流格局，形成以沿海、沿江、沿湾为主、沪宁、沪杭为辅的物流通道布局。

营造更具吸引力的就业创业环境。优化就业岗位结构和布局。疏解主城区就业岗位，促进多中心布局，加强郊区城镇的就业集聚度。推进产业园区转型，打造配套完善、职住平衡的产业社区。为中小微企业提供宽松灵活的产业发展空间，完善公共服务扶持政策。通过增加共有产权房、公共租赁房等手段，满足青年群体的安居需求。

2. 加快发展中小城市

把加快发展中小城市作为优化城镇规模结构的主攻方向，加强产业和公共服务资源布局引导，提升质量增加数量。鼓励引导产业项目在资源环境承载力强、发展潜力大的中小城市和县城布局，依托优势资源发展特色产业，夯实产业基础。加强市政基础设施和公共服务设施建设，教育医疗等公共资源配置要向中小城市和县城倾斜，引导高等学校和职业院校在中小城市布局、优质教育和医疗机构在中小城市设立分支机构，增强集聚要素的吸引力。完善设市标准，严格审批程序，对具备行政区划调整条件的县可有序改市，把有条件的县城和重点镇发展成为中小城市。培育壮大陆路边境口岸城镇，完善边境贸易、金融服务、交通枢纽等功能，建设国际贸易物流节点和加工基地。

以中原城市群为例。为了完善中原城市群的城镇体系，必须培育现代中小城市。要以县级城市为重点，加强产业和公共服务资源布局引导，提升基础设施和公共服务供给能力，吸引农业转移人口加快集聚。推动基础条件好、发展潜力大、经济实力强的县级城市发展成为50万人以上的中等城市，其他有条件的县城发展成为20万人口以上的小城市。深化省直管县（市）改革，支持具备行政区划调整条件的县有序改市。同时，深入推进中小城市综合改革试点。

3. 有重点地发展小城市

按照控制数量、提高质量节约用地、体现特色的要求，推动小城镇发展与疏解大城市中心城区功能相结合、与特色产业发展相结合、与服务"三农"相结合。大城市周边的重点镇，要加强与城市发展的统筹规划与功能配套，逐步发展成为卫星城。具有特色资源、区位优势的小城镇，要通过规划引导、市场运作，培育成为文化旅游、商贸物流、资源加工、交通枢纽等专业特色镇。远离中心城市的小城镇和林场、农场等，要完善基础设施和公共服务，发展成为服务农村、带动周边的综合性小城镇。对吸纳人口多、经济实力强的镇，可赋予同人口和经济规模相适应的管理权。

例如，《成渝城市群发展规划》提出要培育发展一批小城市。以县城和发展潜力较大的特大镇为重点，加快基础设施建设，提升城市服务功能，推动具备行政区划调整条件的县有序改市，探索赋予镇区人口10万以上的特大镇部分县级管理权限。鼓励引导产业项目向资源环境承载力强、发展潜力大的县城布局，夯实县城产业基础。加强市政基础设施和公共服务设施建设，推动公共资源配置适当向县城倾斜。鼓励适度增加集约用地程度高、吸纳人口多的县城建设用地供给，有效满足农民就近城镇化的住房需求。还要有重点地发展小城镇。位于重庆、成都都市圈范围内的重点镇，要加强与周边城市的统筹规划、功能配套，有效分担城市功能。

（二）强化综合交通运输网络支撑

交通运输是国民经济中基础性、先导性、战略性产业，是重要的服务性行业。构建现代综合交通运输体系，是适应把握引领经济发展新常态，推进供给侧结构性改革，推动国家重大战略实施，支撑全面建成小康社会的客观要求。完善综合运输通道和区际交通骨干网络，强化城市群之间交通联系，加快城市群交通一体化规划建设，改善中小城市和小城镇对外交通，发挥综合交通运输网络对城镇化格局的支撑和引导作用。

1. 完善城市群之间综合交通运输网络

依托国家"五纵五横"综合运输大通道，加强东中部城市群对外交通骨干网络薄弱环节建设，加快西部城市群对外交通骨干网络建设，形成以铁路、高速公路为骨干，以普通国省道为基础，与民航、水路和管道共同组成的连接东西、纵贯南北的综合交通运输网络，支撑国家"两横三纵"城镇化战略格局。

推进城际交通发展。加快建设京津冀、长三角、珠三角三大城市群城际铁路网，推进山东半岛、海峡西岸、中原、长江中游、成渝、关中平原、北部湾、哈长、辽中南、山西中部、呼包鄂榆、黔中、滇中、兰州—西宁、宁夏沿黄、天山北坡等城市群城际铁路建设，形成以轨道交通、高速公路为骨干，普通公路为基础，水路为补充，民航有效衔接的多层次、便捷化城际交通网络。

完善运输机场功能布局。打造国际枢纽机场，建设京津冀、长三角、珠三角世界级机场群，加快建设哈尔滨、深圳、昆明、成都、重庆、西安、乌鲁木齐等国际航空枢纽，增强区域枢纽机场功能，实施部分繁忙干线机场新建、迁建和扩能改造工程。科学安排支线机场新建和改扩建，增加中西部地区机场数量，扩大航空运输服务覆盖面。推进以货运功能为主的机场建设。优化完善航线网络，推进国内国际、客运货运、干线支线、运输通用协调发展。

2. 构建城市群内部综合交通运输网络

按照优化结构的要求，在城市群内部建设以轨道交通和高速公路为骨干，以普通公路为基础，有效衔接大中小城市和小城镇的多层次快速交通运输网络。提升东部地区城市群综合交通运输一体化水平，建成以城际铁路、高速公路为主体的快速客运和大能力货运网络。推进中西部地区城市群内主要城市之间的快速铁路、高速公路建设，逐步形成城市群内快速交通运输网络。

构建京津冀协同发展的一体化网络。建设以首都为核心的世界级城市群交通体系，形成以"四纵四横一环"运输通道为主骨架、多节点、网格状的区域交通新格局。重点加强城际铁路建设，强化干线铁路与城际铁路、城市轨道交通的高效衔接，加快构建内外疏密有别、高效便捷的轨道交通网络，打造"轨道上的京津冀"。加快推进国家高速公路待贯通路段建设，提升普通国省干线技术等级，强化省际衔接路段建设。加快推进天津北方国际航运核心区建设，加强港口规划与建设的协调，构建现代化的津冀港口群。加快构建以枢纽机场为龙头、分工合作、优势互补、协调发展的世界级航空机场群。完善区域油气储运基础设施。

构建长江中游城市群综合交通运输网络。第一，打造紧密协作的水运网络。建设形成以长江航道为主轴，汉江、洞庭湖水系、鄱阳湖水系为补充，干线畅通、干支衔接的长江中游内河航道体系。提升港口专业化、规模化、现代化水平，深化武汉港、宜昌港、岳阳港、长沙港、南昌港、九江港等主要港口之间的合作，构建功能完善、布局合理、层次分明、紧密协作的长江中游港口群。大力加强港口集疏运体系建设，鼓励组建区域大型港务集团，推进码头联合经营，实现各种运输方式在港区的"无缝"衔接，拓展港口运输服务的覆盖范围。第二，完善互联互通的陆运网络。建设以武汉、长沙、南昌为中心的"三角形、放射状"城际交通网络，实现省会城市之间2小时通达，省会城市与周边城市之间1—2小时通达。加快推进快速铁路建设，形成覆盖50万人口以上城市的快速铁路网；加快推进其他干线铁路和既有线路改扩建，推进疏港等支线铁路建设，与快速铁路形成覆盖20万人口以上城市的铁路网。积极推进国家高速公路建设，建成连通20万人口以上城市和主要港口的高速公路网络。第三，建设高效便捷的空运网络。强化武汉天河国际机场、长沙黄花国际机场的区域枢纽功能，发挥南昌昌北机场等干线机场作用，增加国际国内运输航线。完善支线机场布局，加快上饶、十堰、岳阳、武冈等机场建设，推动襄阳刘集机场、常德桃花源机场、九江庐山机场、景德镇罗家机场改扩建工程，启动新建荆州、黄冈、娄底、抚州等支线机场，优化航线网络，提高城市群与全国主要城市间航班密度。支持共建干支线运输市场，大力发展通用航空。加快武汉、长沙、南昌等临空经济区建设。

3. 建设城市综合交通枢纽

建设以铁路、公路客运站和机场等为主的综合客运枢纽，以铁路和公路货运场站、港口和机场等为主的综合货运枢纽，优化布局，提升功能。依托综合交通枢纽，加强铁路、公路、民航、水运与城市轨道交通、地面公共交通等多种交通方式的衔接，完善集疏运系统与配送系统，实现客运"零距离"换乘和货运无缝衔接。

完善综合交通枢纽空间布局。着力打造北京、上海、广州等国际性综合交通枢纽，加快建设全国性综合交通枢纽，积极建设区域性综合交通枢纽，优化完善综合交通枢纽布局，完善集疏运条件，提升枢纽一体化服务功能。

提升综合客运枢纽站场一体化服务水平。按照零距离换乘要求，在全国重点打造150个开放式、立体化综合客运枢纽。科学规划设计城市综合客运枢纽，推进多种运输方式统一设计、同步建设、协同管理，推动中转换乘信息互联共享和交通导向标识连续、一致、明晰，积极引导立体换乘、同台换乘。

4. 改善中小城市和小城镇交通条件

加强中小城市和小城镇与交通干线、交通枢纽城市的连接，加快国省干线公路升级改造，提高中小城市和小城镇公路技术等级、通行能力和铁路覆盖率，改善交通条件，提升服务水平。优化城市内外交通，完善城市交通路网结构，提高路网密度，形成城市快速路、主次干路和支路相互配合的道路网络，打通微循环。推进城市慢行交通设施和公共停车场建设。

思考题

1. 改革开放以来中国的城镇化布局有哪些特点？
2. 中国当前城市规模分布是否合理？如何优化？
3. 如何促进东中西部不同区域城市群的发展？

第五章　提高城镇可持续发展能力

城市，是人口、资源、资金和技术高度集聚的场所，也是人类经济活动的中心。城市是人类文明高度发达的象征，但也面临着一系列的问题。首先，城市人口数量骤增，占世界总人口的比重已由 1800 年的 10％、1900 年的 15％，增加到 2008 年的 50％，预计 2050 年将达到 68％。其次，城市规模越来越大。据联合国预测，到 2030 年，全世界将拥有 43 个人口超过 1000 万的超大都市，其中大多数将会出现在中东、亚洲和非洲的发展中地区。城市规模的扩大将给地球造成巨大的压力。再次，不同历史时期和阶段的城市环境、经济和社会问题相互作用和累加，使本来问题已十分严重的城市更加脆弱。正如习近平总书记在 2019 年中国北京世界园艺博览会开幕式上的讲话中所指出的，纵观人类文明发展史，生态兴则文明兴，生态衰则文明衰。工业化进程创造了前所未有的物质财富，也产生了难以弥补的生态创伤。杀鸡取卵、竭泽而渔的发展方式走到了尽头，顺应自然、保护生态的绿色发展昭示着未来。可持续城市化是城镇成功发展的关键。众所周知，许多国家在满足日益增长的城市人口需求方面将面临挑战，包括住房、交通、能源系统和其他基础设施，及就业和教育、医疗等基本服务。因此，以现有的经济、社会和环境关系为基础，加强城乡之间联系的同时，整合相关政策改善城乡居民生活尤为重要。

一、城镇可持续发展的内涵

自 1992 年联合国环境与发展大会以来，可持续发展理论已经成为

第五章　提高城镇可持续发展能力

全世界各国各方面行动的纲领。

（一）可持续发展的概念

可持续发展（Sustainable development）概念的明确提出，最早可以追溯到 1980 年由世界自然保护联盟（IUCN）、联合国环境规划署（UNEP）、世界野生动物基金会（WWF）共同发表的《世界自然保护大纲》。1987 年，国际环境与发展委员会出版了《我国共同的未来》报告，将可持续发展定义为："既能满足当代人的需要，又不对后代人满足其需要的能力构成危害的发展。"即，既要达到发展经济的目的，又要保护好人类赖以生存的大气、淡水、海洋、土地和森林等自然资源和环境，使子孙后代能够永续发展和安居乐业。可持续发展与环境保护既有联系，又不等同。环境保护是可持续发展的重要方面。可持续发展的核心是发展，但要求在严格控制人口、提高人口素质和保护环境、资源永续利用的前提下进行经济和社会的发展。发展是可持续发展的前提；人是可持续发展的中心体；可持续长久的发展才是真正的发展。

可持续发展包括两个重要概念：其一，需要的概念，尤其是世界各国人民的基本需要；其二，限制的概念，技术状况和社会组织对环境满足眼前和将来需要的能力施加的限制。1980 年，国际自然保护同盟的《世界自然资源保护大纲》中提出："必须研究自然的、社会的、生态的、经济的以及利用自然资源过程中的基本关系，以确保全球的可持续发展。"1981 年，美国人莱斯特·布朗（Lester R. Brown）出版《建设一个可持续发展的社会》，提出以控制人口增长、保护资源基础和开发再生能源来实现可持续发展。1992 年 6 月，联合国在里约热内卢召开的环境与发展大会，通过了以可持续发展为核心的《里约环境与发展宣言》《21 世纪议程》等文件。随后，中国政府编制了《中国 21 世纪议程——中国 21 世纪人口、环境与发展白皮书》，首次把可持续发展战略纳入我国经济和社会发展的长远规划。1997 年，党的十五大把可持续发展战略确定为我国现代化建设中必须实施的战略。

（二）可持续发展的原则

1. 公平性原则

本代人之间的公平、代际间的公平和资源分配与利用的公平；可持续发展是一种机会、利益均等的发展。它既包括同代内区际间的均衡发展，即一个地区的发展不应以损害其他地区的发展为代价；也包括代际间的均衡发展，即既满足当代人的需要，又不损害后代的发展能力。该原则认为人类各代都处在同一生存空间，他们对这一空间中的自然资源和社会财富拥有同等享用权，他们应该拥有同等的生存权。因此，可持续发展把消除贫困作为重要问题提了出来，要予以优先解决，要给各国、各地区的人、世世代代的人以平等的发展权。

2. 持续性原则

人类经济和社会的发展不能超越资源和环境的承载能力，即发展的概念中包含着制约的因素，因此，在满足人类需要的过程中，必然有限制因素的存在。主要限制因素有人口数量、环境、资源，以及技术状况和社会组织对环境满足眼前和将来需要能力施加的限制。最主要的限制因素是人类赖以生存的物质基础——自然资源与环境。因此，持续性原则的核心是人类的经济和社会发展不能超越资源与环境的承载能力，从而真正将人类的当前利益与长远利益有机结合。

3. 共同性原则

各国可持续发展的模式虽然不同，但公平性和持续性原则是共同的。地球的整体性和相互依存性决定全人类必须联合起来，认知我们的家园。可持续发展是超越文化与历史的障碍来看待全球问题的。它所讨论的问题是关系到全人类的问题，所要达到的目标是全人类的共同目标。虽然国情不同，实现可持续发展的具体模式不可能是唯一的，但是无论富国还是贫国，公平性原则、协调性原则、持续性原则是共同的，各个国家要实现可持续发展都需要适当调整其国内和国际政策。只有全人类共同努力,才能实现可持续发展的总目标,从而将人类的局部利益与整体利益结合起来。

(三) 城镇可持续发展的内涵

城市作为人类文明的最重要载体,其创造的财富和消耗的资源,占据着整个社会的重要份额。中国正处在城镇化的快速发展阶段,在未来20年间,仍将有大量人口进入城镇,中国城镇将长期处于一种既承担经济发展重任,又面临资源短缺的两难境地。

城镇是一个高度人工化、智能化的开放巨系统,具有由自然、人工和社会因素构成丰富而复杂的结构及低生物多样性、高人口密度和物质流动等特点,并与周边的环境与经济体发生着相互作用。因此,城镇可持续发展有其特定的内涵。

1. 自然资源与环境的可持续性——城镇可持续发展的基础

城镇经济的发展伴随着人口的集聚、自然资源的消耗和对环境的污染,自然资源匮乏和环境严重污染又限制了城市的进一步发展。因此,自然资源和环境保护是城市可持续发展的重要内容之一。环境与自然资源的可持续性应表现为城镇环境得到最大限度的保护,城镇的开发建设应保持在环境与资源的承载力之内,保护和维护自然与生命支持系统。

2. 经济可持续增长——城镇可持续发展的重要手段

经济可持续性应表现城镇经济增长的根本转变,不仅重视经济增长的数量,更要重视增长的质量。城镇经济的可持续增长离不开区域生态环境背景,离不开区域内城市与城市之间资源和产业配置分工协调和城市内部合理的产业结构。要大力进行技术创新和制度创新,更多地使用低资源消耗和低污染排放的技术进行生产,提高城市可持续发展的能力。

3. 社会可持续性——城镇可持续发展的最终目标

人是城镇的主体,不断提高人类生活水平,是可持续发展追求的最终目标。可持续发展关注城市人们的基本权利、人居条件的改善、社会资源的公平分配、社会保障体系的完善、社会心理的稳定等一系列分领域的目标。

二、我国城镇可持续发展面临的问题

近年来，我国城镇可持续发展能力不断提升，但有些问题始终未能得到彻底解决。2016年12月，联合国开发计划署发布《2016年中国城市可持续发展报告：衡量生态投入与人类发展》，基于"中国城市可持续发展指数"对中国35个城市的可持续发展现状进行了定量分析[①]，结果显示，中国的主要城市在联合国开发计划署的人类发展指数上均取得了良好成绩，对医疗健康、教育、经济等方面的持续投资意味着中国主要城市已经达到了发达国家的发展水平。但是，35个大中城市的资源消耗和污染排放普遍有所增加。总体看来，我国城镇可持续发展能力的提高受到五个主要问题的制约。

1. 重点城镇群的国际竞争能力不强

从全球的范围进行比较，中国的重点城镇群中制造业比重仍较大，但又缺乏世界级的制造业企业。中心城市高端功能不足，发展质量不高。城市的制造业、社会服务业总体上还处于国际产业链的低端，发展水平低。北京和上海第三产业比重虽然超过70%，但国际性的金融、文化传媒等产业发展不足，在会计业、广告业等咨询服务领域的发展与世界城市差距较大，城市面向国际的基础设施建设依然不足，还不能完全满足人群居住与创业的需要。

2. 人居环境质量不高

居住条件有待进一步改善，城市低收入阶层和外来务工人员的住房

---

① "城市可持续发展指数"是在1990年联合国开发计划署提出的人类发展指数的基础上建立的一套定量分析城市可持续发展的评估系统，由人类发展指数和用来衡量资源消耗和污染排放的城市生态投入指数共同构成。

条件普遍较差。城市棚户区、国有林场、农场等工矿区的改造任务艰巨，配套设施严重不足，设施老化问题普遍存在。

居民出行不便捷，一是大城市交通拥堵严重，且呈蔓延之势。特大城市主要路段全天的道路饱和度超过70％，城市中心地区高峰时段的平均车速普遍低于每小时20公里。上海城市中心区50％的车道在高峰时段道路饱和度达到95％，平均车速仅10公里/小时；北京市民的平均通勤时间达47.6分钟。二是城镇群综合网络交通建设缓慢，枢纽布局不合理，各交通方式之间衔接不畅，交通运行效率低。三是区域轨道交通发展尚在初级阶段，城市之间、产业区与港口、机场间的联系主要依靠高速公路，高速公路建设规划与城镇群发展布局协调不够，所建线路流量差异很大，早期建设的线路因沿线城镇的发展，近乎成为城市内部快速路；大城市地铁线路不成网络，与公共交通、区域交通等缺乏有效的衔接，制约交通组织效率的提高。

社会服务设施建设难以满足需求，北京等中心城市教育、医疗资源丰富，但为周边地区提供服务的能力不足。与城市居民生活密切相关的社区级医院、文化馆、图书馆、体育设施、青少年活动中心、老年活动中心等设施匮乏，缺少日常维护和管理经费。社会设施服务水平难以满足人民日益增长的美好生活需要。城市外围和城乡接合部地区社会服务设施建设跟不上，布局不合理。

城市安全存在隐患。全国一半以上的城市存在缺水、供水系统老化等问题；全国城市生活垃圾累积堆存量已达60亿吨，并以平均每年4.8％的速度持续增长，城市周边存在大量"垃圾山"；大气污染加剧，一多半城市的居民生活在Ⅲ类及劣Ⅲ类大气环境条件下；城市抵抗自然灾害的能力弱，因气候原因或人为事故造成城市功能瘫痪的事时有发生。

3. 小城镇承载能力偏低

城镇群中的小城镇总体上发展动力不足，特色经济不突出，人口集聚程度不高，规模偏小。据统计，县城的平均规模只有 8 万人，县城以外的建制镇，超过 5 万人的不足 400 个，占建制镇总数不足 3%。小城镇规划建设水平不高，基础设施建设滞后，公共服务水平低，难以形成较为完善的城镇供水、排污、供电等基础设施和商业、科技、教育等社会化服务体系。难以发挥相应的人口和产业的吸纳作用，更难以为周边农村服务。

4. 城乡统筹缺乏实质性的推进

城镇群地区城乡利益矛盾集中，城市扩张，失地农民难以很快融入城市社会，城乡接合部是农村富裕劳动人口主要的聚居地，他们的居住、就业、子女教育、社会保障等还存在较多困难。

重城轻乡，在发展中对农村地区统筹考虑和扶持、反哺的力度依然不够。农村地区基础设施建设投入不足，公共服务网络不健全，社会保障欠缺。农村地区富余劳动力大量进城，造成留村农民人口老龄化、素质下降、基层组织薄弱，农村和农业缺乏发展活力。在新农村建设过程中，普遍存在研究村庄建设多，研究促进农村社会经济发展少的倾向。

5. 发展思路有待转变

近些年来，中国的城镇群建设"遍地开花"，在实际操作过程中存在一定盲目性。一些地区尽管经济社会发展水平不高，城市之间联系并不紧密，甚至在一些生态环境条件脆弱的地区，仅凭三两城市相邻，或若干城市滨水，就急于"打造"城镇群。

城市建设追求奢华。一些城市在开发建设过程中有追求奢华的不良倾向。一些城市热衷于建设高标准、高耗能、大体量、造价昂贵的"标志性工程"，这些项目维护费高，运营成本高，利用率低，与城市整体风貌也不甚协调。有不少城市喜欢造人工景观水面，甚至在西北缺水地区也大搞人工湖；山地城市不顾地形地貌限制搞大面积棋盘式城市布局，而与城乡居民生活密切相关的公益性服务和民生工程投入却不足，据中国人民大学的调查显示，虽然近些年各地在城市建设上加大了投入，也确实取得一些实效，但市民对城市的满意度却下降了。

工业开发区粗放扩张。一些城市在发展建设中热衷于扩张工业用地规模，工业开发区用地规模动辄上百平方千米。一些地方工业园区设立过多过滥，导致恶性竞争，人为压低企业发展成本，造成产能大量过剩。

三、提高城市可持续发展能力的政策框架

根据城市可持续发展理念的要求，结合我国城市可持续发展中存在的问题，必须加快转变城市发展方式，优化城市空间结构，增强城市经济、基础设施、公共服务和资源环境对人口的承载能力，有效预防和治理"城市病"，建设和谐宜居、富有特色、充满活力的现代城市。

（一）提高市级国土空间总体规划水平

适应新型城镇化发展要求，建立国土空间规划体系并监督实施是生态文明体制建设的重要组成。2019年5月，中共中央、国务院印发了《关于建立国土空间规划体系并监督实施的若干意见》，同年自然资源部发布了《关于全面开展国土空间规划工作的通知》，之后各部委牵头制定的、涵盖编制审批、实施监督、法规政策和技术标准等文件相继出台，一系列政策文件构成了国土空间规划体系建立的基石。要尽快提高市级国土空间总体规划的水平，以满足新时代城市发展的需要。

1. 正确认识市级国土空间总体规划

国土空间规划是国家空间发展的指南、可持续发展的空间蓝图，是各类开发保护建设活动的基本依据。市级国土空间总体规划是市域国土空间保护、开发、利用、修复和指导各类建设的行动纲领，在"五级三

类"规划体系①中起到承上启下的关键作用。对比过去城市总体规划和市级土地利用总体规划的编制内容，市级国土空间总体规划不是过去城市总体规划和市级土地利用总体规划的拼合，而是在"五位一体"总体布局和新发展理念下更加全面综合的治理方式。市级国土空间总体规划特别重视对自然地理格局及演变规律的认识与尊重、节约集约利用自然资源、国土空间规划"一张图"的建设，这三个方面体现了国土空间规划的价值取向。

把以人为本、尊重自然、传承历史、绿色低碳理念融入城市规划全过程。城市规划要由扩张性规划逐步转向限定城市边界、优化空间结构的规划，科学确立城市功能定位和形态，加强城市空间开发利用管制，合理划定城市"三区四线"，合理确定城市规模、开发边界、开发强度和保护性空间，加强道路红线和建筑红线对建设项目的定位控制。统筹规划城市空间功能布局，促进城市用地功能适度混合。合理设定不同功能区土地开发利用的容积率、绿化率、地面渗透率等规范性要求。建立健全城市地下空间开发利用协调机制。统筹规划市区、城郊和周边乡村发展。

2. 全面认识自然地理格局及演变规律是规划重要的工作基础

通过在全国、省、市层面开展资源环境承载能力和国土空间适宜性双评价，进一步提升对生态功能系统的整体认识，特别是对资源环境领

---

① 按照中共中央、国务院《关于建立国土空间规划体系并监督实施的若干意见》，按照规划层级和内容类型，可以把国土空间规划分为"五级三类"。"五级"是从纵向看，对应我国的行政管理体系，分五个层级，就是国家级、省级、市级、县级、乡镇级。不同层级规划的侧重点和编制深度不一样，其中国家级规划侧重战略性，省级规划侧重协调性，市县级和乡镇级规划侧重实施性。并不是每个地方都要按照五级规划一层一层编，有的地方区域比较小，可以将市县级规划与乡镇规划合并编制，有的乡镇也可以以几个乡镇为单元进行编制。"三类"是指规划的类型，分为总体规划、详细规划、相关的专项规划。总体规划强调的是规划的综合性，是对一定区域，如行政区全域范围涉及的国土空间保护、开发、利用、修复做全局性的安排。详细规划强调实施性，一般是在市县以下组织编制，是对具体地块用途和开发强度等作出的实施性安排。详细规划是开展国土空间开发保护活动，包括实施国土空间用途管制、核发城乡建设项目规划许可，进行各项建设的法定依据。

域存在的短板和风险形成充分的认识。首先，对于省级层面，在"资源环境承载力评价"和"国土空间开发适宜性评价"（简称"双评价"）研究的基础上，充分研究生态功能的完整性、系统性和连通性，有利于生态服务功能的发挥和生物多样性的保护。其次，基于"全国第三次土地（国土）调查"① 的用地要素，将自然环境的安全风险管理和生态功能保护，逐级落实到村庄。再次，使用新技术手段，开展多学科交流合作，深入研究自然地理格局和生态系统演化，优化国土空间格局。最后，强调无论是历史城市还是一般城市，认识地表万物之间的互动关系永远是规划工作最基础的任务。

3. 充分体现节约集约、绿色发展和人民对高品质生活的追求

落实主体功能定位，明确空间发展目标战略。打破过去简单以人口预测推算建设用地规模的逻辑，将各类约束性指标层层传导，同时围绕用地规模制定较为详尽的存量土地利用方案。与此同时，对于人口规模的预测，不仅要注意人口总量，更要关注人口结构，以更好地满足人民的需求，解决公共服务供给不平衡与不充分的问题。

优化空间总体格局，促进区域协调、城乡融合发展。要把城市功能系统和空间结构优化作为规划的重要工作。促进区域协同发展、促进多中心、网络化的都市圈或城市群发展。优化空间结构，提升连通性，促进节约集约、高质量发展，推动人、城、产、交通一体化发展，促进产业园区与城市服务功能的融合。

完善公共空间和公共服务功能，营造健康、舒适、便利的人居环境。将城市内部公园绿地等生态空间的系统优化作为重要的工作；针对实际服务管理人口特征和需求，完善服务功能，改善服务的便利性；针对人口老龄化、少子化趋势和社区功能复合化需求，完善社区生活圈。

---

① 全国第三次土地（国土）调查（简称"三调"）就是查清全国地类、面积、分布、权属情况，建立土地调查数据库。这些数据将为建设用地审批、耕地保护、农业产业结构调整等提供第一手基础资料。

完善基础设施体系，增强城市安全韧性。优化形成各类基础设施一体化、网络化、复合化、绿色化、智能化布局；基于灾害风险评估，确定主要灾害类型的防灾减灾目标和设防标准，划示灾害风险区；以社区生活圈为基础构建城市健康安全单元，完善应急空间网络；预留一定应急用地和大型危险品存储用地，科学划定安全防护和缓冲空间；确定重要交通、能源、市政、防灾等基础设施用地控制范围，划定中心城区重要基础设施的黄线。

推进国土整治修复与城市更新，提升空间综合价值。明确生态系统修复的目标、重点区域和重大工程，维护生态系统，改善生态功能；推进乡村地区田水路林村全要素综合整治，提出农用地综合整治、低效建设用地整治等综合整治目标、重点区域和重大工程，建设美丽乡村；明确实施城市有机更新的重点区域，根据需要确定城市更新空间单元，结合城乡生活圈构建，注重补短板、强弱项，优化功能布局和开发强度，传承历史文化，提升城市品质和活力，避免大拆大建，保障公共利益。

4. 国土空间规划"一张图"

国土空间规划"一张图"体现了对全民所有自然资源资产所有者职责和对所有国土空间用途管制和生态修复职责，是优化国土空间开发保护格局、保障整体利益和公共利益、实现有效治理的基础。政府部门需重视"一张图"的建设，将其作为国土空间用途管制过程中的监测评估预警手段。在国土空间规划中统筹划定"三条控制线"，加强陆海统筹，对城市其他重要的空间管控要求一并纳入。

（二）强化城市产业就业支撑

积极调整优化城市产业布局和结构，促进城市经济转型升级，改善营商环境，增强经济活力，扩大就业容量，把城市打造成为创业乐园和创新摇篮。

1. 优化城市产业结构

根据城市资源环境承载能力、要素禀赋和比较优势，培育发展各具特色的城市产业体系。改造提升传统产业，淘汰落后产能，壮大先进制造业和节能环保、新一代信息技术、生物、新能源、新材料、新能源汽车等战略性新兴产业。适应制造业转型升级要求，推动生产性服务业专业化、市场化、社会化发展，引导生产性服务业在中心城市、制造业密集区域集聚；适应居民消费需求多样化，提升生活性服务业水平，扩大服务供给，提高服务质量，推动特大城市和大城市形成以服务经济为主的产业结构。强化城市间专业化分工协作，增强中小城市产业承接能力，构建大中小城市和小城镇特色鲜明、优势互补的产业发展格局。推进城市污染企业治理改造和环保搬迁。支持资源枯竭城市发展接续替代产业。

2. 增强城市创新能力

顺应科技进步和产业变革新趋势，发挥城市创新载体作用，依托科技、教育和人才资源优势，推动城市走创新驱动发展道路。营造创新的制度环境、政策环境、金融环境和文化氛围，激发全社会创新活力，推动技术创新、商业模式创新和管理创新。建立产学研协同创新机制，强化企业在技术创新中的主体地位，发挥大型企业创新骨干作用，激发中小企业创新活力。建设创新基地，集聚创新人才，培育创新集群，完善创新服务体系，发展创新公共平台和风险投资机构，推进创新成果资本化、产业化。加强知识产权运用和保护，健全技术创新激励机制。推动高等学校提高创新人才培养能力，加快现代职业教育体系建设，系统构建从中职、高职、本科层次职业教育到专业学位研究生教育的技术技能人才培养通道，推进中高职衔接、职业教育和普通教育沟通。引导部分地方本科高等学校转型发展为应用技术类型高校。试行普通高校、高职院校、成人高校之间的学分转换，为学生多样化成才提供选择。

3. 营造良好就业创业环境

发挥城市创业平台作用，充分利用城市规模经济产生的专业化分工效应，放宽政府管制，降低交易成本，激发创业活力。完善扶持创业的优惠政策，形成政府激励创业、社会支持创业、劳动者勇于创业新机制。运用财政支持、税费减免、创业投资引导、政策性金融服务、小额贷款担保等手段，为中小企业特别是创业型企业发展提供良好的经营环境，促进以创业带动就业。促进以高校毕业生为重点的青年就业和农村转移劳动力、城镇困难人员、退役军人就业。结合产业升级开发更多适合高校毕业生的就业岗位，实行激励高校毕业生自主创业政策，实施离校未就业高校毕业生就业促进计划。合理引导高校毕业生就业流向，鼓励其到中小城市创业就业。

（三）提升城市基本公共服务水平

加强市政公用设施和公共服务设施建设，增加基本公共服务供给，增强对人口集聚和服务的支撑能力。

1. 优先发展城市公共交通

将公共交通放在城市交通发展的首要位置，加快构建以公共交通为主体的城市机动化出行系统，积极发展快速公共汽车、现代有轨电车等大容量地面公共交通系统，科学有序推进城市轨道交通建设。优化公共交通站点和线路设置，推动形成公共交通优先通行网络，提高覆盖率、准点率和运行速度，基本实现 100 万人口以上城市中心城区公共交通站点 500 米全覆盖。强化交通综合管理，有效调控、合理引导个体机动化交通需求。推动各种交通方式、城市道路交通管理系统的信息共享和资源整合。

2. 加强市政公用设施建设

建设安全高效便利的生活服务和市政公用设施网络体系。优化社区生活设施布局，健全社区养老服务体系，完善便民利民服务网络，打造包括物流配送、便民超市、平价菜店、家庭服务中心等在内的便捷生活服务圈。加强无障碍环境建设。合理布局建设公益性菜市场、农产品批发市场。统筹电力、通信、给排水、供热、燃气等地下管网建设，推行城市综合管廊，新建城市主干道路、城市新区、各类园区应实行城市地下管网综合管廊模式。加强城镇水源地保护与建设和供水设施改造与建设，确保城镇供水安全。加强防洪设施建设，完善城市排水与暴雨外洪内涝防治体系，提高应对极端天气能力。建设安全可靠、技术先进、管理规范的新型配电网络体系，加快推进城市清洁能源供应设施建设，完善燃气输配、储备和供应保障系统，大力发展热电联产，淘汰燃煤小锅炉。加强城镇污水处理及再生利用设施建设，推进雨污分流改造和污泥无害化处置。提高城镇生活垃圾无害化处理能力。合理布局建设城市停车场和立体车库，新建大中型商业设施要配建货物装卸作业区和停车场，新建办公区和住宅小区要配建地下停车场。

3. 完善基本公共服务体系

根据城镇常住人口增长趋势和空间分布，统筹布局建设学校、医疗卫生机构、文化设施、体育场所等公共服务设施。优化学校布局和建设规模，合理配置中小学和幼儿园资源。加强社区卫生服务机构建设，健全与医院分工协作、双向转诊的城市医疗服务体系。完善重大疾病防控、妇幼保健等专业公共卫生和计划生育服务网络。加强公共文化、公共体育、就业服务、社保经办和便民利民服务设施建设。创新公共服务供给方式，引入市场机制，扩大政府购买服务规模，实现供给主体和方式多元化，根据经济社会发展状况和财力水平，逐步提高城镇居民基本公共服务水平，在学有所教、劳有所得、病有所医、老有所养、住有所居上持续取得新进展。

（四）推动新型城市建设

顺应现代城市发展新理念新趋势，推动城市绿色发展，提高智能化水平，增强历史文化魅力，全面提升城市内在品质。

1. 加快绿色城市建设

将生态文明理念全面融入城市发展，构建绿色生产方式、生活方式和消费模式。严格控制高耗能、高排放行业发展。节约集约利用土地、水和能源等资源，促进资源循环利用，控制总量，提高效率。加快建设可再生能源体系，推动分布式太阳能、风能、生物质能、地热能多元化、规模化应用，提高新能源和可再生能源利用比例。实施绿色建筑行动计划，完善绿色建筑标准及认证体系、扩大强制执行范围，加快既有建筑节能改造，大力发展绿色建材，强力推进建筑工业化。合理控制机动车保有量，加快新能源汽车推广应用，改善步行、自行车出行条件，倡导绿色出行。实施大气污染防治行动计划，开展区域联防联控联治，改善城市空气质量。完善废旧商品回收体系和垃圾分类处理系统，加强城市固体废弃物循环利用和无害化处置。合理划定生态保护红线，扩大城市生态空间，增加森林、湖泊、湿地面积，将农村废弃地、其他污染土地、工矿用地转化为生态用地，在城镇化地区合理建设绿色生态廊道。

专栏 5—1

深圳市龙岗区坪地街道打造深圳国际低碳城

坪地街道位于深圳市边界区域，与东莞、惠州两市接壤，常住人口不足 10 万。近年来，坪地街道致力于打造深圳国际低碳城，开启了"集约、智能、绿色、低碳"的新型城镇化的探索。

一、高起点定位与高标准规划

坪地街道位于深圳的东北门户地区、深莞惠三市交界中心区；生态优良，区域内山林、园林和水域分布丰富；土地储备优势，土地大都成片分布且整备成本相对较低。综合来讲，该区域具有"三高一低"的特点，即区位比较优势高、生态环境质量高、碳排放强度高、经济发展水平低。坪地街道 2012 年地区生产总值 54 亿元，五金加工、电子制造和家具制造业是该街道三大主要产业，产业低端、布局散乱、能源消耗大，属于深圳的后发展地区。

2012年5月3日，时任深圳市市长许勤在比利时布鲁塞尔举行的中欧城镇化伙伴关系高层会议上，提出与欧盟合作规划建设深圳国际低碳城，打造中欧可持续城镇化合作旗舰项目。经过争取，国际低碳城也成为财政部、国家发展改革委节能减排财政综合奖励项目。深圳市决心充分引入国际低碳技术，将坪地街道打造成为绿色低碳发展的典范，努力把低碳城建设成为承载"生态中国梦"的试验田、体现深圳质量的新标杆。为此，该片区迅速启动了高起点、高标准规划。着眼长远、立足高端，以"中国第一、世界一流"为目标，开展国际低碳城空间规划、产业规划和营城计划，努力将低碳城建设成为国家低碳发展试验区，打造深圳城市发展的样板和典范。

规划范围以龙岗区坪地街道53平方千米（可建设面积约为25平方千米）区域为第一期规划面积，启动区为1平方千米，拓展区为5平方千米，致力于将该街道打造成为气候友好城市的先行区、低碳产业发展的集聚区、低碳生活模式引领区、国际低碳合作示范区。坚持"政府引导，市场运作""产城融合，低碳发展""整体规划，分步实施""高端聚集，国际合作""以人为本，宜居宜业"的开发原则，重点发展绿色复合能源产业、资源循环利用产业、生命健康产业、环保新材料产业、高端低碳装备制造业、绿色创意设计产业、新兴低碳服务业、绿色都市农业、生态文化旅游产业、智慧低碳信息产业等新兴低碳产业。规划在该区域打造低碳智慧城市系统，充分利用物联网、互联网、云计算、智能分析等现代信息通信手段，对城市活动进行智慧感知、分析集成和应对，构建高效的城市运营管理环境，建立由新技术支持的涵盖市民、企业和政府的新型城市生态系统，加强智慧城市基础建设，构建多领域"智慧碳云"体系，打造"智慧交通"管理系统，建设"智慧民生"服务平台。到2015年，启动区建设取得阶段性进展，城市基础设施项目相继建成，重点产业稳步推进，体制机制基本确立，低碳生活方式初步形成，低碳创新能力和综合竞争力显著增强，低碳发展的质量效益明显提高。

二、高水平开展核心启动区建设

2012年8月21日，低碳城核心区项目在龙岗区坪地街道高桥工业园正式启动，标志着国际低碳城开发建设进入全面提速、全面推进的实质性实施阶段。国际低碳城启动区首批项目涉及低碳产业、低碳社区改造、绿色建筑、生态和基础设施建设等领域。为了办好首届国际低碳城论坛，坪地街道低碳城启动区建设开展了国际低碳城会展中心、园区再生示范项目、客家围屋低碳社区改造、丁山河改造及景观提升、低碳城启动区市政工程等项目建设。

1. 国际低碳城会展中心。国际低碳城会展中心建筑群由低碳技术展示交易馆、低碳国际会议馆、低碳城展示馆组成，集展示、研究、中试、营销于一体，是包含十大技术系统、97项低碳技术的低碳绿色集成示范项目，有效实现节地、节能、节水、节材四大目标。建设完成后，将实现60%减排效率，年减排二氧化碳7320吨，达到碳减排国际先进水平。

2. 园区再生示范项目。启动了区内的现有厂房进行整体再生绿色低碳改造，即"园区再生"计划。通过绿色建筑改造，引入餐饮、文娱、旅游、创意工坊、SOHO办公等产业功能，打造成为具有文化魅力的创意社区，成为低碳城的亮点，可实现55%的减排效率，年减排二氧化碳约4.14万吨，可达到碳减排国际先进水平。

3. 客家围屋低碳社区改造。客家围屋低碳社区改造工程充分利用现有客家围屋的珍贵历史文化资源，挖掘其文化价值，改变传统大拆大建的旧有城市发展模式，将片区内村落发展成为高品质生活服务功能区，在提升改善原住民生活环境品质的同时，引入餐饮、文娱、旅游、创意工坊、SOHO办公等产业功能，完善启动区功能混合配置，示范和谐城市发展新模式，可实现60%的减排效率，年减排二氧化碳约

2440 吨，可达到碳减排国际先进水平。

4. 丁山河污水处理站及人工湿地。项目估算总投资 1.2 亿元，污水处理站常规日处理量约 2.5 万立方米，湿地面积约 2.9 公顷。该项目主要是对丁山河上游惠州河段的混流污水进行有效收集及处理，实现场馆周边河道"水清、岸绿、生态"的效果。

5. 丁山河治理及会展中心周边人工湖。项目估算总投资 1.3 亿元，河道总长约 4 千米，人工湖面积 1.1 万平方米。在水环境和水安全设计基础上，结合生态保护、城市设计和景观设计，建设基于生物多样性保护的生态景观通廊，并将水处理设施和景观设施进行融合设计，提升两岸的整体环境品质。本项目完工后，可净化空气，吸收二氧化碳，根据碳补偿原则计算，一棵树 30 年吸收二氧化碳 111 千克。

三、成功举办首届国际低碳城论坛

作为中国首个"全国低碳日"活动的重要组成部分，由国家发改委、住房和城乡建设部及深圳市政府联合举办，主题为"低碳发展——探索新型城镇化之路"的首届深圳国际低碳城论坛于 2013 年 6 月 17 日至 18 日在坪地街道成功举办，取得了丰硕成果。

1. 打造国际低碳合作高端品牌。来自美国、英国、法国、荷兰、新西兰等国家和地区的 1400 多位嘉宾就低碳话题展开了热烈讨论，充分交流低碳城市规划建设、绿色建筑、低碳交通、低碳产业等方面的经验、做法。举办了世界低碳城市联盟论坛、低碳城市规划论坛、创意大赛、国际合作协议及重大项目签约等一系列活动，交流了世界低碳城市发展理论与实践的最新进展。通过论坛，向世界展示了深圳在城镇规划、绿色建筑、基础设施、绿色交通与新能源汽车、新能源的推广、节能环保产业的培育、碳排放权交易等诸多方面取得的新成效。

2. 举行首届国际低碳城创意大赛。首届国际低碳城创意大赛主题为"生长中的低碳城市——低碳城的萌芽"，分公众赛和专业赛，公众赛面向社会大众，有"我的低碳生活""我的低碳发明"两个赛题，旨在引导全社会创新氛围，聚集全民智慧，征集各种低碳发明创造。专业赛面向国内外规划、建筑设计、环境设计等企业、个人，针对如何适当地解决城市建设初期临时性、阶段性与后期常规建设之前的过渡、延伸和矛盾，征集"可移动"低碳绿色建筑创意方案。

3. 开工"园区再生"厂房改造示范项目。深圳国际低碳城"园区再生"厂房绿色改造示范项目深入落实低碳发展理念，遵循复合多元、高效集约、环境优美、低碳生态的原则，通过对现有工业厂区的绿色低碳设计改造，使原有工业厂房焕发活力，打造绿色建筑改造示范区和绿色办公示范区。

4. 签署多项国际合作项目协议。深圳国际低碳城规划建设领导小组与荷兰埃因霍温市签署合作备忘录，着力将深圳国际低碳城打造为中国低碳发展试验区、国际低碳发展的先进典范。签署了三项国际合作和重大项目合作协议，分别是深圳市政府与美国加州关于加强碳排放权交易体系合作的初步协议，国家航天员科研训练中心和深圳国际低碳城规划领导小组关于太空生态与医学研究中心项目的合作框架协议，美国劳伦斯伯克利国家实验室与深圳市建筑科学研究院关于中美低碳建筑与社区创新实验中心项目的合作备忘录。

5. 发布首部深圳低碳发展报告。《深圳绿皮书：深圳低碳发展报告（2013）》在论坛上面世，对近年深圳绿色低碳发展的专项研究、典型案例、政策和规划等进行系统的梳理，形成具有深圳特色的低碳研究和实践创新总结，为制定低碳发展政策提供了理论依据和对策性建议，对国家建设低碳城市作出探索性的研究。

6. 启动中国首个碳交易平台。深圳市碳排放权交易在深圳国际低碳城正式启动运行，并产生了首单配额交易，深圳能源集团东部电厂成为第一家成功达成碳排放权交易的公司，这是中国第一个正式运行的强制碳市场，标志着中国碳市场的建设迈出关键性一步。

目前，国际低碳城还是一座建设中的新城，还有许多工作要做。一是尽快完善规划,要加快推动产业规划的制定,以高标准规划带动高水平建设,要分步实施、滚动开发。二是加大项目引进力度。根据低碳城的产业规划要求,引进一批创新能力强、低碳效应显著的重大产业项目落户,培育一批低碳行业骨干企业,完善低碳产业链条,构建以节能环保、新能源、生命健康、低碳服务业等为核心的产业格局。三是集聚创新资源。以中美低碳建筑与社区创新实验中心等高端项目落户为契机,争取更多的国家重点实验室、研发中心、产学研联盟等平台落户低碳城,引进海外创新人才,集聚国际创新平台和智力成果,抢占发展制高点。四是加快现有产业转型。大力推进辖区内产业结构优化升级,加大淘汰低端产业力度,促进传统产业改造升级和低碳化,最大限度地减少能源消耗和二氧化碳排放,实现低能耗、低排放、低污染条件下的高质量增长。五是要加快配套建设,完善低碳城城区布局。在大力发展低碳产业的同时,做好各种的配套建设,营造低碳绿色的城市布局。

坪地街道的发展依托国际低碳城,正在走出"先生产后生活,先污染后治理"的怪圈,采取产城融合的策略促进生产生活同步发展,呈现生产发展、生活幸福、生态优美的良好局面,其低碳发展的定位、国际低碳城的规划和高水平的启动区建设,开启了新型城镇化之路。

资料来源:《深圳市龙岗区:打造深圳国际低碳城 探路新型城镇化》,国家行政学院、人民网联合主办"全国新型城镇化范例征集"活动入选案例,2014年1月6日。

2. 推进智慧城市建设

统筹城市发展的物质资源、信息资源和智力资源利用,推动物联网、云计算、大数据等新一代信息技术创新应用,实现与城市经济社会发展深度融合。强化信息网络、数据中心等信息基础设施建设。促进跨部门、跨行业、跨地区的政务信息共享和业务协同,强化信息资源社会化开发利用,推广智慧化信息应用和新型信息服务,促进城市规划管理信息化、基础设施智能化、公共服务便捷化、产业发展现代化、社会治理精细化。增强城市要害信息系统和关键信息资源的安全保障能力。

3. 注重人文城市建设

发掘城市文化资源，强化文化传承创新，把城市建设成为历史底蕴厚重、时代特色鲜明的人文魅力空间。注重在旧城改造中保护历史文化遗产、民族文化风格和传统风貌，促进功能提升与文化文物保护相结合。注重在新城新区建设中融入传统文化元素，与原有城市自然人文特征相协调。加强历史文化名城名镇、历史文化街区、民族风情小镇文化资源挖掘和文化生态的整体保护，传承和弘扬优秀传统文化，推动地方特色文化发展，保存城市文化记忆。培育和践行社会主义核心价值观，加快完善文化管理体制和文化生产经营机制，建立健全现代公共文化服务体系、现代文化市场体系。鼓励城市文化多样化发展，促进传统文化与现代文化、本土文化与外来文化交融，形成多元开放的现代城市文化。

专栏 5—2

杭州市小河直街历史文化街区改造经验

杭州小河直街历史文化街区被原建设部授予"中国人居环境范例奖"，这样的历史文化街区已经成为历史文化名城的展示窗口和延续古城格局和历史风貌的重要载体。所谓历史街区，是指在某一地区历史文化上占有重要地位，代表这一地区历史发展脉络和集中反映该地区经济、社会和文化等方面价值的建筑群及其周围的环境。这里的环境既包括街区的自然环境，也包括街区所蕴含的人文环境。

一、小河直街历史文化街区改造概况

小河直街历史文化街区地处京杭大运河、小河、余杭塘河三河交汇处，自南宋时期，这里就是重要的货运码头。明末清初，因为码头的日渐兴旺，整个街区成了运河沿岸最繁华的商业中心。时移世易，20世纪，原本繁华的码头一度衰败，小河直街也成了杭城有名的棚户区。多年风雨，这些清末民初建的典型水乡民居，经过时间的洗礼已变得斑驳不堪，有些甚至成了危房。

2007年，小河直街历史文化街区改造工程启动，纳入运河综合保护二期工程的重点项目。通过保护整治，小河直街街区风貌得以恢复，居民生活质量得以提高，历史文脉得以延续，打造成一条以保持传统居住、商住功能为主，延续杭州地方传统特色文化和展示运河航运文化，集商住、居住、休闲功能为一体的历史文化街区。2007年底，杭州市统计局城市调查队对运河综合保护工程的社会调查显示，包括专家学者、原住民在内的被调查者对小河直街保护的成效给予很高评价，认可率高达99.9%。

二、小河直街改造的成功经验

一是修复建筑风貌。通过多方探讨，小河直街历史文化街区改造按照"修旧如旧、最小干预""存历史真实、显风貌完整、体现生活延续和人文自然融合"的原则，提出了"重点保护、合理保留、局部改造、普遍改善"的保护方针，并根据此方针，对不同建筑的历史文化价值和保存状况的差别，按"原模原样、原汁原味、似曾相识"三种类型进行区别保护。原模原样型，选择具代表性的结构尚好的房屋进行修缮，对其中受损的部件，通过加固调换构件，适当改善设施，原模样保留。原汁原味型，对结构不再完好、存在安全问题的建筑，通过提高房屋地坪，利用尚好的构件，改善室内环境，在原址复原。似曾相识型，拆除新建的砖混结构房屋，恢复清末民初建筑风格。

二是改善历史街区环境及基础设施。工程中重点保护街区内"道路—巷道—里弄—院落"的传统居住空间结构体系，保护建筑群体的空间组合关系，基本保留了原有的街道尺度。改善了街区脏、乱、差的环境，对河道进行了清淤整理，小河的河水恢复了清澈，驳岸也恢复了旧观。同时，工程重点改善了原有的基础及配套设施，主要有五方面。

1. 重新组织道路系统。以"限制为主、导堵结合、依靠周边、内部改善"为原则,对街区内道路系统进行合理定位,街区内部道路为步行道,禁止机动车进入街区内部。

2. 改善水务管网系统和能源系统。对历史街区内原有的供水、排水管道系统进行更换和改造,增加必要的污水管和雨水管,并对雨水、污水管道进行合理布置。此外,实行一户一表制,合理安排铺设煤气管道等,切实改善居民的生活条件。

3. 建立完善的通信、电网管线。实施"上改下"的管线清理方式,合理进行电网建设,增加历史街区内的用电力负荷;增设变电站、变电器等,满足街区内居民生活的需要。

4. 改善街区消防设施。配备消防栓和灭火器;同时,妥善清理原来杂乱的电线,大大降低了消防安全隐患。

5. 重新配置街区配套设施。清除不协调的厕所、广告牌、路灯、座椅等设施,并按照历史风貌统一设计和重新配置,满足生活和商业需求。

三是降低历史街区居住密度。由于历史原因,小河直街历史文化街区内居住密度高,街区内大部分建筑超负荷,风貌和质量破坏严重,外迁势在必行。然而,街区保护要遵循传统生活形态的延续性原则,过多地外迁居民势必会破坏街区原有的功能形态和民俗民风。为处理好此矛盾,杭州市委、市政府创新性地确定了"让利于民、鼓励外迁、允许自保"的搬迁原则,并提出对居民采取部分就近异地安置、部分回迁、部分货币安置的解决办法。由于采用了多样化、合理化、人性化的搬迁政策,短短2个多月时间内200余户居民全部迁出;约60%的居民选择在保护整治工程结束后回迁。小河直街历史文化街区的搬迁工作是近年来杭州市历史街区保护整治工程中搬迁进展最快、效果最好的一处实例。

资料来源:根据楼舒撰写的《历史街区保护"以民为本"发展模式探索——以杭州小河直街历史街区保护整治工程研究为例》(《住宅科

技》2015年第10期）改写。

专栏5—3

大邑县安仁镇探索"文化产业＋新型城镇化"发展路径

成都市大邑县安仁镇在推进全国重点镇建设试点中，勇担"链接城市、辐射农村"示范引领使命，针对城镇化建设中存在的无序扩张、产业同质化、二元结构分化等问题，立足自身文化资源禀赋优势，从发展理念、体制机制入手破题，强化"三个管控"、促进"三个融合"、注重"三个协同"，探索出了一条"文化产业＋新型城镇化"发展路径。先后获评中国历史文化名镇、国家园林城镇、中国博物馆小镇和中国文物保护示范小镇，被列入全国特色小镇、全省文化创意产业示范区、全市文创文博集聚区。

一、强化"三个管控"，精准标定长远发展坐标

一是以空间管控推进集约节约发展。对标新发展理念，坚持"跳出安仁规划安仁"，全面落实全国重点镇建设试点要求，与市县两级规划无缝对接，聘请中国城市规划设计研究院、四川城镇规划设计研究院等知名规划机构，科学编制城镇总体规划、村庄规划和控制性详细规划，统筹生产生活生态三大布局，确立"一心、两区、双轴、多点"空间结构，划定城乡开发边界，合理确定土地用途和建设时序，摒弃"摊大饼"建设和粗放无序发展方式，确保有限土地资源开发利用效益和价值最大化。

二是以产业管控推进高质高效发展。坚持"放眼未来定位安仁"，将全镇产业发展自觉置于全县、全市乃至全省、全国发展大局，立足安仁独具特色的历史文化底蕴和农业产业化优势，确立了"文创文博文旅＋都市现代农业"的主导产业发展方向，并制定了相关产业发展目录和扶持激励政策。严禁新的工业类产业进入，对原有工业企业实施"腾

笼换凤",采取土地置换到县经济开发区或货币补偿等方式,共腾出652亩建设用地用于发展符合规划方向的主导产业。

三是以生态管控推进绿色低碳发展。坚持公园城市理念,将良好自然生态资源作为最核心竞争力,严控生态红线,按照"景区化、景观化、可进入、可参与"原则,对全域生态资源进行全面梳理,规划形成了"一心、一楔、两环、两带、八园、多点"的全域绿地生态系统、"一湖、一环、两河、七湿地"的全域水生态系统和60公里的全域绿道系统,重现"岷江水润、茂林修作、美田弥望、蜀风雅韵"的锦绣画卷,高标准建设宜居宜业宜游的美丽乡村公园城市。

二、促进"三文融合",倾力打造文化产业新高地

一是以文博为核心加快产业聚集。坚持把历史文化保护传承与产业发展有机结合,大力实施"文博品牌化"战略,做强中国博物馆小镇品牌影响力和辐射带动力,打造国际文博文化交流中心。创新市场化投入运营机制,采取"政府+企业""以奖代补"、集体建设用地流转等方式,引入华侨城、建川、川报集团和成都文旅等企业开展公馆活化工程,全镇开放博物馆场馆达37座,馆藏文物800余万件,在全国同类小镇中位居前列。强化国际国内文博交流,先后举办尼泊尔国家文物中国首展、全国红色收藏交流会等,安仁双年展吸引全球20多个国家的180位知名艺术家参展,被评为"《国家美术》第九届全球华人金星奖年度十大展览"。

二是以文创为动力促进产业升级。坚持把文创产业作为区域经济增长新引擎,深化校院企地合作,建立专项产业发展基金、产业发展扶持政策和专业化人才引进激励机制,推动文创产业要素聚集,打造西部最大的文创产业生态基地。构建文创产业从孵化培育、创新创造到市场运营的全生命周期服务体系,建成华侨城创意文化园、建川博物馆文创街坊、1458文创园、四川电影电视学院创新创业园等文创产业"四大载体",搭建文博交流、藏品交易、大数据运用、城市交流、版权交易、

媒体发行等文创产业"六大平台",全力推动文创产业聚合成链发展。2017年,全镇共聚集文创企业14家、文创团队26个、文创人才350余人,实现产值12亿元。

三是以文化旅游为载体推动产业增效。坚持国际化视野,在深挖文博文化、公馆文化、川西民俗文化等特色文化旅游资源基础上,主动对接游客多元化、多样化的新消费需求,强化新场景、新业态植入,打造世界文化旅游特色小镇。以国家5A级旅游景区创建为抓手,实施安仁坝子、停车场、游客中心等基础设施项目"补短板",实施民国风情街、乐道美食文创街、精品民宿酒店群等服务配套项目"强链条",构建一体化旅游要素。积极举办第十四届成都国际旅游美食节、中美国际乡村音乐节、民间艺术嘉年华、大地之声音乐节、穿着旗袍到安仁、中秋长桌宴等活动,游客参与度、体验度明显提升。2017年全镇共接待游客570万人次、实现综合旅游收入14亿元,与2014年相比,分别增长36.2%和59.1%。

三、注重"三个协同",统筹构建区域发展新格局

一是以镇村协同优化城乡形态。坚持把新农村建设贯穿新型城镇化建设的全过程,按照"大集中、小分散,宜聚则聚、宜散则散"原则,积极推进以"整田、护林、理水、改院"为主要方式的高标准农田建设和农村土地综合整治项目,着力构建"产田相融、城田相融、城乡一体"的新型城乡形态。2014年以来,全镇共建设新型社区8个,1.6万群众进镇成为"新镇民",城镇化率从48.5%提高到63.8%。

二是以产城协同发展增加群众收入。坚持把带动群众增收作为重点镇建设的核心要义,按照"宜农则农、宜商则商、宜旅则旅"原则,将田园风光、农耕文明与文创文博文旅产业进行有效嫁接,改造建设了一批"音乐村""画家村""文创村""民俗村",推动群众实现就地就近就业。2017年,全镇从事与文创文博文旅相关产业人员比例达到60.1%,城乡居民可支配收入分别达到28570元、19300元,比2014年分别增

长 23.5%、30.1%。

三是以服务协同提升政务环境。坚持便利化导向，积极推进行政管理体制配套改革，县规划、国土、建设、环保等部门职能延伸设立镇片站（所），将县级各部门 95 项审批事项下放到镇便民服务中心办理，全面实行相关证件"一站式"办理和群众事务村（社区）"一把手"代办制，形成上下联动、左右协同的便捷高效政务服务格局，企业和群众满意度、获得感明显增强。

资料来源：成都市人民政府网，2019 年 11 月 22 日。

（五）加强和创新城市社会治理

树立以人为本、服务为先理念，完善城市治理结构，创新城市治理方式，提升城市社会治理水平。

1. 完善城市治理结构

顺应城市社会结构变化新趋势，创新社会治理体制，加强党委领导，发挥政府主导作用，鼓励和支持社会各方面参与，实现政府治理和社会自我调节、居民自治良性互动。坚持依法治理，加强法治保障，运用法治思维和法治方式化解社会矛盾。坚持综合治理，强化道德约束，规范社会行为，调节利益关系，协调社会关系，解决社会问题。坚持源头治理，标本兼治、重在治本，以网格化管理、社会化服务为方向，健全基层综合服务管理平台，及时反映和协调人民群众各方面各层次利益诉求。加强城市社会治理法律法规、体制机制、人才队伍和信息化建设。激发社会组织活力，加快实施政社分开，推进社会组织明确权责、依法自治、发挥作用。适合由社会组织提供的公共服务和解决的事项，交由社会组织承担。

2. 强化社区自治和服务功能

健全社区党组织领导的基层群众自治制度，推进社区居民依法民主管理社区公共事务和公益事业。加快公共服务向社区延伸，整合人口、劳动就业、社保、民政、卫生计生、文化以及综治、维稳、信访等管理职能和服务资源，加快社区信息化建设，构建社区综合服务管理平台。发挥业主委员会、物业管理机构、驻区单位积极作用，引导各类社会组织、志愿者参与社区服务和管理。加强社区社会工作专业人才和志愿者队伍建设，推进社区工作人员专业化和职业化。加强流动人口服务管理。

3. 创新社会治安综合治理

建立健全源头治理、动态协调、应急处置相互衔接、相互支撑的社会治安综合治理机制。创新立体化社会治安防控体系，改进治理方式，促进多部门城市管理职能整合，鼓励社会力量积极参与社会治安综合治理。及时解决影响人民群众安全的社会治安问题，加强对城市治安复杂部位的治安整治和管理。理顺城管执法体制，提高执法和服务水平。加大依法管理网络力度，加快完善互联网管理领导体制，确保国家网络和信息安全。

专栏 5—4

宜宾市南溪区以"大城管"模式提升城市管理水平

为进一步理顺城市管理执法体系，宜宾市南溪区以城市执法体制改革改进城市管理工作试点为抓手，打破机构编制壁垒，整合公安、交警、城管等城市执法单位职能职责，组建综合执法机构，实行集中管理、综合执法，有力破解城市管理"三不管"等问题，实现从"以费养人"向"以费养事"的新型管理机制转变，城市管理水平大幅提升。

一、变"分散"为"聚合"，实现"三个合一"

一是机构编制合一。坚持"编随事走"原则，解散原住建城管局下属的城管联合执法大队，将所属的城市管理、综合执法（含环卫执法）

与公安分局治安大队、交警大队所属的治安巡逻、交通秩序维护等职能职责整合，设立区公安分局城市管理执法大队，并将原住建城管局、罗龙街道负责的城市保洁清运（含环卫数字案件处理）职能职责、人财物分离外包。执法大队下设若干个中队，每个中队再分设若干小队，合理核定编制。二是人员经费合一。坚持"人随编走"原则，将原城管、交警、治安巡逻大队中的正式参公、事业人员全部调入新成立的城市管理执法大队，原辅助管理人员实行竞聘上岗，不足部分由区公安分局统一招聘，在编人员和辅助管理人员均实行集中办公，统一管理。同时，采取"增事、增人、增费"和"减事、减人、减费"双挂钩原则，将原分属三个单位的办公、人员保障等经费统一划转，新增经费由区财政全力保障。三是装备保障合一。将原有城管、交警城区中队、治安巡警的车辆、取证设备、防护装备、通信设备等整体移交城市管理执法大队，纳入国有资产集中管理，由城市管理执法大队统一使用、维护。

二、变"突击"为"常态"，实现"昼夜如一"

一是统一调度、综合执法，推动执法力度常态化。实行大队长负总责、副大队长分工负责制，所有队员实行统一调度、三类人员交叉混合编组，每个小队均包含治安、交警、城管三类执法人员，确保每支队伍均能独立行使治安、交警、城管职能，从根本上解决职能交叉、相互推诿等城市管理顽疾，全面提升执法力度。二是分片包干、网格治理，推动全域管理常态化。借鉴片区民警治理经验，采取"片区＋中队＋小队"模式分片、分网格开展城市治理工作，将城区分为三个片区，每个片区细分为若干网格区块，实行一个中队负责一个片区、一个小队负责一个网格，常态化、全域化，开展巡查执法，解决城市面宽量大、流动性强问题。三是突出重点、整体推进，推动治理成效常态化。实行白天"重点治理＋夜间巡逻"巩固制度，白天重点对城市主街干道、学校周边、餐饮娱乐场所、车站及农贸市场等人员密集区域进行集中治理、巡回执法，夜间重点加强不间断巡逻巩固，始终保持高压整治社会治安、乱停乱放、占道经营、噪声污染态势，常态化开展治安管理、案件查处等工作确保每天 24 小时治安良好、交通畅通、市容整洁。

三、变"粗放"为"精细"，实现"规范统一"

一是强化日常管理，规范执法形象。按照执法规范、形象优良标准，统一换发执法人员标准制服、统一制作执法（出勤）证件，明确要求执法人员规范着装，佩戴执法证件、取证设备、安全防护设备、通讯保障设备上岗执法。定期开展内务训练、执法培训、执法点评、评选标兵提升执法队伍能力素质，规范执法行为，彻底改变城管队伍软、懒、散、恶等固有粗俗形象。二是强化执法管理，规范程序要件。围绕社会治安、交通管理、城市治理等内容，由区公安分局会同区住建城管局等城市治理部门统一制定执法标准，采取集中培训、执法点评等方式规范执法队员执法流程，明确要求每次执法行为必须 2 人以上，所有处罚流程和处罚事项同步出具完整音视频资料，确保执法行为规范、执法过程可查。定期开展处罚事项"晒账"活动，广泛邀请社会各界对综合执法工作进行监督评议，切实提升执法透明度和公信力。三是强化流水作业，规范案件办理。在日常工作中，城市管理执法大队只负责社会治安、交通管理、城市治理中违法违规行为的宣传、教育、纠正和调查取证。调查取证完毕后，执法大队根据案件类别，指派专人将案件统一移交到治安大队、交管大队、城管局等专业办案机构，由办案机构组织专人集中、统一、规范办理案件。四是发展服务外包，提升服务质效。分离后城市保洁清运（含环卫数字案件处理）职能职责统一实行服务外包，采取公开招标、定向委托等形式整体外包给物业服务公司，同步增加罗龙街道清扫保洁和垃圾清运职能职责，清扫保洁和垃圾清运经费、管理经费由区财政重新核定划拨。区目标办、财政、监察、住建城管、南溪街道和罗龙街道等部门对服务承接公司实行每月考核，评定考核等次，环卫所按考核等次将托管经费足月据实划拨给服务承接公司，实现服务质量与节支节财双量齐升。

"大城管"综合执法机构自2016年12月运行以来，取缔违章占道经营游商摊点4600余处，规范店商3200余户，数字城管办结率达到100%；处罚违章停车21230余辆次，疏导车辆1.8万余辆，交通事故同比下降14%；查处治安案件等347起，挡获在逃人员12人，现场挡获吸毒人员17人次，城区治安案件同比下降32%，城区街面涉刑警情同比下降23%，城市管理效能和群众社会治安满意度大幅提升。

资料来源：《宜宾市南溪区探索试点"大城管"模式 全面提升城市管理水平》，人民网，2018年5月28日。

4. 健全防灾减灾救灾体制

完善城市应急管理体系，加强防灾减灾能力建设，强化行政问责制和责任追究制。着眼抵御台风、洪涝、沙尘暴、冰雪、干旱、地震、山体滑坡等自然灾害，完善灾害监测和预警体系，加强城市消防、防洪、排水防涝、抗震等设施和救援救助能力建设，提高城市建筑灾害设防标准，合理规划布局和建设应急避难场所，强化公共建筑物和设施应急避难功能。完善突发公共事件应急预案和应急保障体系。加强灾害分析和信息公开，开展市民风险防范和自救互救教育，建立巨灾保险制度，发挥社会力量在应急管理中的作用。

四、苏州工业园区提高城市可持续发展能力的实践

党的十八大以来，苏州工业园区认真贯彻落实习近平新时代中国特色社会主义思想，坚持系统化思维、规律性把握，不断优化投资贸易环境、政务服务环境、创新创业环境、城市宜居环境，促进城市高质量发展，不断提高城市可持续发展能力。

（一）对标国际通行规则，营造投资贸易便利化环境

苏州工业园区以开展开放创新综合试验和构建开放型经济新体制综合试点试验为契机，系统叠加复制自贸试验区、自主创新示范区政策功能，累计实施172项改革举措，推广52项自贸试验区改革经验，投资贸易环境不断优化，开放水平不断提高，2018年实现进出口总额1035.7亿美元，增长20.7%。

苏州工业园区既没有机场，也没有港口，如何应对货物进出口耗时较长的劣势，成为绕不开的重要课题。为此，苏州工业园区积极推进监管制度创新，不断简化通关环节、减少通关时间，助推企业通关变"通途"。从率先探索直通式陆路口岸[①]、SZV"虚拟空港"[②]等模式，到实施"属地申报、口岸验放"，再到参与区域通关一体化、全国通关一体化改革，2018年苏州工业园区进出口整体通关时间超额完成压缩1/3的目标。在通关无纸化改革的基础上，苏州工业园区全面推行以手机二维码为载体的"掌上物流"[③]通关新模式，有效解决了货物通关慢、信息获取难和行车路线易错三大难题，货物场站平均通关时间从48分钟缩短至3—5分钟。

贸易提速更需提质。随着我国经济向高质量发展阶段迈进，苏州工业园区的加工贸易也面临转型升级、提质增效的问题。特别是综保区内企业对国内市场的依赖逐步加深，已从原来单一两头在外的"V"型加

[①] 1997年，苏州工业园区唯亭监管点获批为直通式陆路口岸，上海口岸延伸到苏州，苏州地区的进出口货物在海关监管点一次性办结通关手续，上海海关凭监管点的关封验核，苏州地区货主享受到"口岸"通关的便利。

[②] 2002年，苏州工业园区海关实施空陆联程中转快速通关模式。借用苏州光福机场SZV代码，国外货物订舱直接到SZV，货物运抵上海空港后，换装陆路转关到苏州工业园区海关监管点报关验放，省去上海口岸处理环节。

[③] 2016年，苏州工业园区试点"掌上物流"通关新模式，进出口货物与车辆的关联信息在货物进入海关场站前完成，货物进出海关场站卡口时，通过司机手机二维码与自动读取车牌，将货物信息与系统内单证信息对碰，获取是否放行等处理结果，并通过手机推送引导司机场站内流转。

工制造业态，扩展为内购、内销、外购、外销相结合的"X"型多元经济业态，亟须取得一般纳税人资格①，提升国内市场竞争力。在此背景下，苏州工业园区在全国率先开展贸易多元化②、企业增值税一般纳税人资格试点，帮助企业拓展国内市场。同时，大力推进加工贸易产业链向微笑曲线两端延伸，率先探索保税维修、保税研发③、保税检测④等创新业务。积极推动企业开展自产产品的进境维修业务，探索实施全球维修检验监管新机制，促进企业拓展国际业务、提升竞争力和产品附加值。全国海关特殊监管区域首单保税研发、保税检测业务在苏州工业园区顺利落地，贸易新业态、新模式不断涌现。

大力发展跨境电商是推动传统外贸转型升级的有效手段。苏州工业园综保区作为中国（苏州）跨境电子商务综合试验区的重要组成部分，建立10万平方米高标准仓储设施，设立全封闭区域的跨境电商海关检测中心，采取"单一窗口"模式⑤提供"便捷、高效、低成本"的政务

---

① 2016年10月，国家税务总局、财政部和海关总署同意在苏州工业园综合保税区开展赋予企业增值税一般纳税人资格试点。主要实行以下税收政策：试点企业可向区外国内市场开具增值税专用发票销售货物，从区外购入货物可接受增值税专用发票进行抵扣；进口货物继续适用保税政策；进口自用设备时，暂免征收进口关税、进口环节增值税、消费税；出口货物，可在货物实际离境后申请退税；向国内企业销售的货物中含有保税货物的，按照保税货物进入海关特殊监管区域时的状态向海关申报缴纳进口税收；区外销售给试点企业的加工贸易货物，继续按现行税收政策执行；销售给试点企业的其他货物（包括水、蒸汽、电力、燃气）不再适用出口退税政策，按照规定缴纳增值税、消费税。

② 2014年9月，国务院批复同意在苏州工业园综合保税区开展调整相关税收规定促进贸易多元化试点，允许在综保区内单独划出区域作为贸易功能区，开展贸易多元化试点，赋予区内企业一般纳税人资格。主要实行以下税收政策：从境外、海关特殊监管区域以及保税监管场所进入贸易功能区的货物予以保税；允许非保税货物进入贸易功能区运作，享受离境退税政策；保税货物内销时，继续予以保税，海关按其入区状态征收进口关税，同时税务部门按国内销售的规定征收增值税；贸易功能区内不再执行综保区、保税港区进口机器、设备、基建物资等的免税政策。

③ 指除禁止进境的以外，综合保税区内企业从境外进口且在区内用于研发的货物、物品，免于提交许可证件，进口的消耗性材料根据实际研发耗用核销。

④ 指允许综合保税区内企业开展高技术、高附加值、符合环保要求的保税检测业务。支持第三方检验检测认证机构在综合保税区开展进出口检验认证服务。

⑤ 苏州跨境电商综合试验区线上综合服务平台提供一点接入、一站式服务，实现海关、外汇、税务、市场监管、经信等部门数据的互联互通和信息共享，为开展跨境电子商务业务的电商企业、支付企业、物流企业等各类型企业或个人提供各类信息备案、发送、审核和反馈等在线服务。

服务。网易考拉、兰亭集势、聚美优品等大中型跨境电商企业在区内运营发展，线上线下互动创新的商贸模式逐步形成。

创新对外投资方式是营造投资贸易便利化环境的重要内容，也是促进国内企业"走出去"发展的有益探索。2015年，商务部在苏州工业园区设立国家级境外投资服务示范平台。苏州工业园区在全国开发区中率先实行以备案为主、核准为辅的境外投资管理新模式，通过"单一窗口"全程网上审批企业境外投资备案，依托"跨境投"一站式平台为企业提供人才培训、投融资等全方位服务。截至2018年底，苏州工业园区共有309家企业在53个国家和地区投资布局，协议出资额达104亿美元。

（二）深化"放管服"改革，营造"亲""清"政务服务环境

深化"放管服"[①]改革是加快转变政府职能、推进治理体系和治理能力现代化的重要举措，是增强社会发展活力、营造良好发展环境的有力抓手。党的十八大以来，苏州工业园区率先开展行政审批制度改革，从源头上精简事项、从流程上优化审批、从服务上创新举措，持续简政放权，激发市场活力。2015年，苏州工业园区成为首批国家相对集中行政许可权改革试点地区，将市场准入、项目建设、社会事务三大领域内60个事项、257个业务划转至行政审批局，对照世界一流营商环境评价标准，深入推进网上办、集中批、联合审、区域评、代办制、不见面的审批模式，建立系统化、全链化、标准化审批机制，完善企业（项目）全生命周期服务，在加强制度创新、规范权力运行、提高行政效率等方面进行了积极探索。

在优化审批流程上，苏州工业园区落实"证照分离"[②]"多证合

---

① 即简政放权、放管结合、优化服务的简称。"放"即简政放权，降低准入门槛。"管"即创新监管，促进公平竞争。"服"即高效服务，营造便利环境。

② 指企业登记机关颁发的营业执照和各相关行业主管部门颁发的经营许可证审批的改革。

一"①改革，通过推行"一窗受理"②、证照联办、实名认证、全程电子化等举措，将企业开办压缩至 0.5 到 1 个工作日，日均登记企业 60 户；借助网上集成服务，实现网签、抵押登记、档案查询等"不见面审批"，推动不动产登记 3 个工作日内办结；构建汇集 800 多个专题信息图层的"多规合一"③平台，推行并联预审、容缺审批、电子审图等举措，一般工业项目审批从立项至施工许可的承诺时限优化至 33 个工作日内，创造了行政审批的"园区速度"。

行政审批的流程简化和速度提升，使市场主体出现了"井喷式"增长。为实现更加高效、优质的监管，苏州工业园区整合工商、质监、食药、物价等部门职能，组建市场监督管理局，全面推行"双随机、一公开"④监管模式。同时，探索构建以信用为核心的事中事后监管新机制，建成"社会信用信息平台"，归集 12 万多个市场主体、覆盖区内所有自然人的信用信息 660 多万条；依托"市场监管信息平台"，实现 25 个部门登记、许可、日常监管及行政处罚信息共享与交换，逐步建立企业经营异常名录制度、严重违法企业名单制度和"黑名单"制度，将违法企业失信信息通过国家企业信用信息公示系统对外公示，使企业"一处失信，处处受限"。此外，行政审批部门与市场监管部门实行部门联动，建立"审管信息双向推送"、行政许可和行政处罚信息"双公示"等制度，行政审批部门依据企业信用等级，在法律法规范围内适当调整

---

① 指将营业执照、组织机构代码证、税务登记证、社会保险登记证、统计登记证和其他被整合的涉企证照整合到营业执照上。

② 指将企业开办过程中涉及的营业执照申领、公章刻制、银行开户、涉税业务办理等事项集成在一个窗口办理，并借助线上协同服务平台实现跨部门数据与材料共享，实现"一窗接件、内部流转、限时办结、统一出证"。

③ 指汇集城市、土地、建设、交通、市政、教学、公共设施等各种专业规划和建设项目全生命周期的"多规合一"管理平台。平台基于统一的地理基准，对接各部门的业务系统，保障各类城市公共信息的全面权威、实时更新和协同共享，支撑各部门的审批审查、审管联动，助力企业发展，实现政企双赢。

④ 指在监管过程中随机抽取检查对象，随机选派执法检查人员，抽查情况及查处结果及时向社会公开。

审批流程，实现事前、事中、事后的紧密衔接、顺畅对接。

推进"互联网＋政务服务"也是深化"放管服"改革的重要举措，"只进一扇门""最多跑一次"等改革措施，对深化"放管服"改革、优化营商环境、便利企业和群众办事发挥了重要作用，但也存在政务服务平台事项标准不一、数据共享不畅、业务协同不足等问题，导致政务服务整体效能不够高。苏州工业园区积极推动政务服务从"政府供给导向"向"群众需求导向"转变，从"线下跑"向"网上办"、"分头办"向"协同办"转变，全面推进"一网通办"，构建"一个政府、一生服务、一套标准、一网通办、一库共享、一体运行"的"六个一"大政务服务体系，有效解决政务服务"碎片化"问题，95％的审批业务可实现不见面审批。

构建"亲""清"政务服务环境，离不开法治政府建设。党的十八大以来，苏州工业园区扎实推进重大行政决策规范管理标准化体系化试点，完善公众参与、专家论证、风险评估、合法性审查和集体讨论相结合的行政决策论证程序，实现重大行政决策全过程记录和责任追溯；创新"律所库＋法律顾问"模式[①]，为法治政府建设提供"外力外脑"保障；开展基层政务公开标准化规范化试点，在决策、执行、管理、服务、结果公开等方面形成一系列可复制可推广的经验做法。同时，苏州工业园区还出台规范政商交往正面清单，明确党员干部、公职人员和企业家正常接触交往"可为与不可为"的范围，列出不能触碰的"红线"，为政商"亲""清"交往提供了清晰的标准。

此外，苏州工业园区还成立招商亲商工作领导小组，定期召开例会，协调服务项目从入驻、开工、开业到生产、运营的全过程；建立领

[①] 指"政府法律服务律师事务所库＋管委会层面法律顾问"。政府法律服务律师事务所（以下简称"律所库"）是通过公开方式选择若干家律师事务所，苏州工业园区财政供给行政单位原则上应在律所库中选聘本单位法律顾问；苏州工业园区管委会层面法律顾问，主要选聘在"政策法规""社会管理""经济贸易""重点工程""民生保障"等方面有较强影响力、具有专长的资深律师和学者型律师担任。

导干部挂钩联系企业服务制度，推动领导干部重心下沉、服务前移，及时了解掌握企业经营情况，切实帮助企业解决实际困难，大力倡导"店小二"精神，为企业提供更专业、更周到、更精准的服务。

（三）构建开放创新体系，营造一流的创新创业环境

良好的创新创业生态，既是高质量发展的必然要求，也是城市竞争力的重要内涵。苏州工业园区坚持强基础、建机制、优环境，着力增强人才、技术、资金等关键要素对创新创业的支撑，推动创新创业创造向纵深发展。

在推进创新发展的过程中，苏州工业园区始终立足自身产业基础，发挥比较优势，聚焦发展生物医药、纳米技术应用、人工智能三大特色产业，构建"六个一"特色产业培育机制（围绕一个特色产业，制定一个产业规划，建设一个功能园区，组建一家国资公司，设立一支发展基金，成立一个专业服务机构），三大特色产业连续多年保持30％左右增幅。特别是近年来，生物医药产业进入爆发式增长阶段，2018年，苏州工业园区生物医药领域高层次人才数量、创新型企业、新增生物一类新药批件均占全国20％以上。

人才是创新的根基。面对日趋激烈的人才争夺，如何确保人才引得进、留得住、发展好，成为各地高度重视的课题。在系统总结和充分调研的基础上，苏州工业园区全面实施"金鸡湖人才计划"，涵盖高层次人才、科教人才、高端服务业人才、教育人才、高技能人才以及科技领军人才创新创业工程，在创业扶持、培训补贴、专项奖励、出入境便利等方面给予重点政策支持。制定实施"人才安居工程"，创新推出实体优租房、虚拟优租房、定向定价人才组屋[①]等举措，建设全国首家海归

[①] 实体优租房是指以优惠价格提供给苏州工业园区人才实物租赁的公共租赁住房；虚拟优租房是指为弥补实体优租房资源不足，给予在市场上租赁的园区人才一定的货币补贴以满足其公共租赁住房需求所承租的社会资源房屋；定向定价人才组屋是指政府通过购买、配建等方式筹集后以相对较低的价格出售给园区特定人才的商品房。

第五章　提高城镇可持续发展能力

人才子女学校，一揽子解决人才居住、子女入学和医疗保健等问题。在政策和服务支撑下，海内外优秀人才慕名而来。苏州工业园区已累计自主申报入选国家重点人才计划158人（其中创业类约占全国7%），引进院士领衔创新创业团队45个，集聚海外归国人员6000多人，入选上级科技人才数持续保持全国开发区第一，被评为国家级"海外高层次人才创新创业基地"、中国科协"海外人才离岸创新创业基地"，被确定为中组部人才工作联系点。

自主创新是开放环境下的创新，绝不能关起门来搞，而是要聚四海之气、借八方之力。为此，苏州工业园区主动把握新一轮科技变革机遇，在全球范围汇聚创新资源。先后引进中科院苏州纳米所、中科院电子所苏州研究院等科研院所42家，设立中外合作创新中心21家，集聚新型研发机构559家。在新加坡、以色列和欧美发达国家等设立海外离岸创新创业基地，本土创新、离岸创新互动格局逐步形成。吸引哈佛大学、牛津大学、新加坡国立大学、西交利物浦大学、中国人民大学等29所中外知名院校在园区合作办学或设立研发机构，在校生人数7.85万人，其中硕士研究生以上近2万人，成为全国首个"高等教育国际化示范区"。

产业发展和企业成长，离不开重大载体和平台的支撑。为提升资源利用效率，解决共性问题，苏州工业园区以国资国企为主体，建设苏州生物医药产业园、苏州纳米城、创意产业园、国际科技园、人工智能产业园等一批重大科技创新载体，总面积超800万平方米，成为创新创业的主阵地。聚焦产业共性需求，建成了全球首个纳米真空互联实验站大科学装置，以及生物药分离纯化、微纳机电制造、软件评测等30多个公共技术服务平台。在重大载体平台支撑下，集聚了5000多家技术先进、发展前景良好的企业。同时，完善专业化众创空间，建设金鸡湖创业长廊，集聚各类众创空间75家，其中19家列入"国字号"序列，目前，苏州工业园区众创空间累计孵化创新创业项目1900多个，总估值超百亿元。

针对创新创业服务中存在的政出多门、服务交叉等问题，苏州工业园区整合设立企业发展服务中心，相关职能部门通过充分授权，在中心企业服务大厅实行一站式窗口受理，打造"政务＋公开"线上企业服务平台，实现政务类业务100％线上办理。目前，该中心拥有区级职能部门259项业务授权，涉及政策申报、资金兑现、企业认定、人才服务、金融服务等15个领域，覆盖企业初创、成长到成熟各个阶段，提供一站到家的"店小二"式服务。同时，加强知识产权保护和利用，推动中国（苏州）知识产权保护中心落户，开展专利导航产业发展实验区建设、国家知识产权投融资综合试点，每万人有效发明专利拥有量达149件。

企业融资难特别是中小企业融资难是困扰企业发展的最大阻碍。为打通这一"堵点"，苏州工业园区大力创新科技金融，调动各类金融资本、产业资本，加大对创新创业企业的综合金融支持。针对初创期企业，成立政策性科技小额贷款公司，专注解决科技型小微企业融资难题；针对早中期企业，设立风险补偿资金，通过风险共担，与银行、保险等金融机构合作，创新推出苏科贷、科技贷、园科贷、扎根贷、知识贷、绿色智造贷[1]等金融产品；针对成长期企业，鼓励引导其通过资本市场获得直接融资支持。同时，建设标杆性基金生态圈，先后设立苏州金融资产交易中心、股权交易中心等资本要素市场，打造了以基金为品牌的"江苏特色小镇"——东沙湖基金小镇，区域股权投资基金规模超2000亿元，构建起覆盖创新型企业全生命周期的科技金融服务体系。

---

[1] 几款具有代表性的科技金融产品，例如，园科贷、科技贷总额不超过500万元，政府给予50％风险分担；知识贷是以知识产权质押融资贷款，政府给予50％风险分担；绿色智造贷是面向上年度销售1000万元以上的绿色制造或智能制造行业企业，贷款总额不超过2000万元，政府给予40％风险分担；扎根贷面向园区扎根企业，贷款总额为2000万元至1亿元，政府给予30％风险分担。

第五章 提高城镇可持续发展能力

（四）坚持科学规划引领，营造美丽宜居的城市环境

产业是城市发展的基础，城市是产业发展的载体。没有产业支撑的城市只能是"空城"，而没有城市依托，再高端的产业也只能"空转"。当前，国内一些开发区出现产业和城市互相脱节的"两张皮"现象，严重影响了营商环境，制约了经济发展和转型升级。很多企业反映，之所以选择在苏州工业园区落户，很重要的一个原因是这里不仅有好的政策、好的服务，还有好的城市环境。苏州工业园区从开发建设之初，就着眼于"既是先进产业集聚区，又是现代化新城区"的定位，坚持"无规划、不开发""一张蓝图绘到底""规划即法"，采取"先规划后建设、先地下后地上、先工业后居住再商业"的开发模式，高标准编制300多项专业规划，形成规划执行从严、违规执法从严的良好氛围，为投资者营造了可预期、低风险的投资环境。

"三分规划，七分管理"。苏州工业园区坚持发扬"绣花精神"，按照国际化、现代化、精细化的标准推进城市管理。成立市政服务集团，作为城市的"大管家"和"美容师"，采取"政府授权、企业运营、市场外包、合同管理"的模式，统筹养护管理全区"地表上、红线外"所有市政设施，通过建设工程有形市场和政府采购平台，将所有城市维护项目以公开招标方式对外发包，并制定管理与绩效、考核与经费的挂钩制度，减少了推诿扯皮，提高了城市管理效能。

土地资源日益稀缺是许多开发区面临的重要瓶颈。苏州工业园区自觉践行"绿水青山就是金山银山"理念，坚持"以亩产论英雄、以创新论英雄、以生态论英雄"，致力于生产空间、生活空间、生态空间的科学布局，推动绿色发展、低碳发展、集约发展。高水平建设生态基础设施，实现区域污水管网覆盖率、危险废物集中处理率、生活污水集中处理率、生活垃圾无害化处理率四个100%，大大节约了末端治理成本。高标准推进资源集约利用，实施差别化土地资源分配制度，实行差别化

的污水处理费、气价、电价、排污权有偿使用价格和信贷支持政策，对不符合区域产业导向的项目坚决说"不"，对质量效益不高的项目坚决说"不"，对生态环保达不到要求的项目坚决说"不"。

优质均衡的公共服务体系是营商环境不可或缺的重要组成部分。苏州工业园区始终坚持民生优先，大力发展各项社会事业。以教育事业为例，按照公建配套学校与居民住宅同步规划、同步建设、同步交付原则，高标准新建改建近200所现代化学校，形成学前教育、义务教育、高中教育、职业教育、高等教育、社会教育、国际教育、特殊教育等百花齐放的全体系大教育生态，成为苏州的教育高地，获评国家义务教育优质均衡发展试点实验区、国家首批教育现代化示范区建设单位。

思 考 题

1. 如何认识城市可持续发展？
2. 我国城市提高可持续发展能力面临哪些障碍？
3. 在我国，如何提高城市可持续发展能力？

第六章　推动城乡融合发展

2019年3月8日，习近平总书记参加十三届全国人大二次会议河南代表团审议时指出，党的十九大作出了实施乡村振兴战略的重大决策部署，乡村振兴是包括产业振兴、人才振兴、文化振兴、生态振兴、组织振兴的全面振兴，实施乡村振兴战略的总目标是农业农村现代化，总方针是坚持农业农村优先发展，总要求是产业兴旺、生态宜居、乡风文明、治理有效、生活富裕，制度保障是建立健全城乡融合发展体制机制和政策体系。改革开放以来，我国工业化、城镇化快速推进，但与此同时，一些农村地区出现了村庄空心化、农户空巢化、农民老龄化等问题。能否顺利解决这些问题，对于能否全面实现乡村振兴至关重要。由于知识水平、资金实力和技术条件等因素的制约，仅仅依靠农民自身是难以有效解决这些问题的。推动城乡融合发展，积极引导城市的人才、资本、技术、信息等生产要素流向农村，让各类人才与留乡、返乡的农民形成优势互补的乡村振兴新主体，能够有力促进工业化、城镇化过程中乡村问题的解决，确保实现乡村振兴。

一、我国城乡融合发展存在的障碍

我国在改革开放后，特别是在20世纪80年代末期，由于历史上形成的城乡之间隔离发展，各种经济社会矛盾出现，影响了城乡融合发展。城乡融合发展的关键在于劳动、土地、资本等要素的自由流动和相关利益的合理分配，当前，仍然存在较多的阻碍因素。

(一) 户籍制度障碍

改革开放以来，中国户籍人口城镇化率始终低于常住人口城镇化率，而且，两者之间的差距逐年增加，这个差距就是那些被统计为常住人口却没有当地户籍的流动人口。这些流动人口无法享受到所在城市提供给户籍人口的基本公共服务，从而造成农业转移人口长期处于半城市化状态。可见，户籍制度是阻碍人口自由流动、平等享受社会福利的主要障碍。

1. 户籍制度造成了事实上的不平等

中国推行户籍制度改革已经有较长时间，许多城市放宽了户口迁移条件，取消了农业户口与非农业户口性质区分，将城乡居民统一登记为居民户口，这一做法是打破城乡居民户籍分割的重要进步，但是，由于户籍制度同福利分配制度和资源配置密切相关，如果将户籍登记身份由农业变为非农业，却不提供医疗、教育、就业、养老等基本公共服务，会导致城镇内部出现城市居民和"半城市居民"之间新的二元矛盾，给社会治理和经济发展带来更大的压力。

2016 年全国流动人口调查数据显示[①]，3～6 岁儿童流动人口家庭人均教育支出为 1270 元/年，而城镇本地居民家庭人均教育支出仅为 1033 元/年，农业转移人口比城镇户籍人口家庭承担了更大的教育支出压力。由于学前教育未被纳入义务教育范畴，农业转移人口随迁子女进入公立幼儿园的比例远低于城镇本地家庭儿童，前者的比例为 42%，后者为 68%[②]，更多的农业转移人口只能采用市场购买服务的方式为子女提供学龄前教育，因而支付了更高的学前教育费用。医疗和社会保障方面也是如此，60 周岁以下流动人口参加城镇职工医疗保险、城镇居民医疗保险和城乡居民合作医疗保险的比例分别为 30.6%、4.6%和

[①] 国家卫生和计划生育委员会流动人口司编：《2017 年中国流动人口发展报告》，中国人口出版社 2017 年版。

[②] 王培安主编：《全国流动人口动态监测数据集（2013 年）》，中国人口出版社 2014 年版。

3.9%，参保比例低于城镇本地户籍人口。保障性住房方面，流动人口中居住在政府提供的廉租房、公租房或已购政策性保障房的比例仅为0.7%[①]，流动人口买房、租房困难，住房稳定性较差。

2. 户籍制度不利于"三农"问题的解决

20世纪50年代初期，我国进行大规模经济建设，为了在以农业经济为主体的基础上实现工业化，我们学习苏联社会主义模式和经验，逐步建立并形成了计划经济体制。这个体制非常庞大，城乡二元结构体制是其中的重要组成部分。所谓城乡二元结构体制，是指在全国实行城乡分治的户籍制度，把全部居民分为农业户口和非农业户口，非农业户口的人从事第二、第三产业，基本上都居住在城镇，称为城市居民。农业人口的人从事第一产业，绝大多数居住在农村，称为农民。政府对城市、对市民实行一种政策，对农村、对农民实行另一种政策。例如，在城市实行生产资料的全民所有制和大集体所有制，在农村实行生产资料的集体所有制。在医疗卫生方面，在城市对公务员、干部实行公费医疗；对工人实行劳保医疗；在农村对农民实行合作医疗，农民自费。

长期以来，户籍制度的存在，使得城市可以获得农业转移人口创造的财富，而无须为这些创造财富的人群提供基本公共服务。20世纪90年代以来，数以千万计的农民工涌入城市，涌向东部经济发达地区，为中国经济注入了活力，创造了巨大的财富，为中国经济持续稳定增长提供了条件。但这些农民工虽然干的是产业工人的工作，却还是农村户籍。据新华社2006年2月18日电，南京有百万农民工，但5年只落户了4~5人，平均每年不到1人，获得南京市户口的农民工不到百万分之一。直到2010年，全国仍有34%的劳动力在从事农业，生产的粮食和主要农产品已不敷供给，当年只创造10.1%的国内生产总值，占总人口近50%的农民人均纯收入只有城镇居民可支配收入的31.9%。农

[①] 国家卫生和计划生育委员会流动人口司编：《2018年中国流动人口发展报告》，中国人口出版社2018年版。

村与城市的差距仍然很大。只要真正破除城乡居民社会区隔的二元社会结构体制，才能彻底解决"三农"问题。

（二）土地制度障碍

中国独有的二元土地制度也是阻碍城乡融合发展的主要障碍。《中华人民共和国土地管理法》规定："中华人民共和国实行土地的社会主义公有制，即全民所有制和劳动群众集体所有制"，并规定"城市市区的土地属于全民所有即国家所有。农村和城市郊区的土地，除由法律规定属于国家所有的以外，属于农民集体所有；宅基地和自留山、自留地，属于农民集体所有"。这种二元土地所有制导致城乡土地的权利体系和配置方式均不相同，农村集体土地拥有的权能远远低于城市国有土地，城乡土地很难做到"同地同权同价"。

中国农村集体土地必须首先经过征收，转变为国家所有才能入市交易和流转。国家通过土地征收垄断土地供给，对农地转为非农用途和使用权的流转实施管控。城市建设占用农地，都被征收为国有，从而能够通过国有土地使用权出让获取大量的城市建设资金，而农民从征地中获得的补偿则较低，从而使得本该属于农村集体和农村居民所有的土地增值收益大部分流向城市，严重侵害了农村居民的土地财产权益，进一步扩大了城乡差距。

在承包地方面，大量农村富余劳动力选择到城市务工，将承包地出租给他人经营。截至 2017 年底，全国土地经营权流转面积 5.12 亿亩，流转率 37%，流转合同签订率 68.3%。土地承包权、经营权的分离已经成为常态，但在现行的土地制度下，承包权、经营权只能在集体组织内部发包和流转，影响了土地规模经营的进一步扩大。此外，进城落户，由农村户籍转变为城市户籍，就意味着要无偿放弃承包地和宅基地等权益，使得很多农业转移人口不愿意进城落户。

除了承包地转包和流转，农村居民外出务工也导致大量宅基地闲置。2000—2011年,全国农村居民点闲置面积为3000万亩,每年因农村居民转移到城镇而新增农村闲置住房面积5.94亿平方米,折合市场价值约4000亿元[①]。农民真正的财产除了承包地外,就是宅基地。按照2007年施行的《中华人民共和国物权法》,农民宅基地没有完整的用益物权和担保物权,农民对宅基地只拥有占有权和使用权,没有收益权,也不能抵押贷款。2004年修订的《中华人民共和国土地管理法》也不允许宅基地在农村集体经济组织外,特别是城乡之间流转,农民获得财产性收入的渠道被堵塞。

二、 完善城乡融合发展体制机制

改革开放特别是党的十八大以来,我国在统筹城乡发展、推进新型城镇化方面取得了显著进展,但城乡要素流动不顺畅、公共资源配置不合理等问题依然突出,影响城乡融合发展的体制机制障碍尚未根本消除。因而,必须加快消除城乡二元结构的体制机制障碍,推进城乡要素平等交换和公共资源均衡配置,让广大农民平等参与现代化进程、共同分享现代化成果。

(一) 推进城乡要素合理配置

坚决破除妨碍城乡要素自由流动和平等交换的体制机制壁垒,促进各类要素更多向乡村流动,在乡村形成人才、土地、资金、产业、信息汇聚的良性循环,为乡村振兴注入新动能。

1. 健全农业转移人口市民化机制

有力有序有效深化户籍制度改革,放开放宽除个别超大城市外的城市落户限制。加快实现城镇基本公共服务常住人口全覆盖。以城市群为

---

① 中国社会科学院农村发展研究所:《中国农村发展报告2017》,中国社会科学院出版社2017年版。

主体形态促进大中小城市和小城镇协调发展，增强中小城市人口承载力和吸引力。建立健全由政府、企业、个人共同参与的农业转移人口市民化成本分担机制，全面落实支持农业转移人口市民化的财政政策、城镇建设用地增加规模与吸纳农业转移人口落户数量挂钩政策，以及中央预算内投资安排向吸纳农业转移人口落户数量较多的城镇倾斜政策。维护进城落户农民土地承包权、宅基地使用权、集体收益分配权，支持引导其依法自愿有偿转让上述权益。提升城市包容性，推动农民工特别是新生代农民工融入城市。

2. 建立城市人才入乡激励机制

制定财政、金融、社会保障等激励政策，吸引各类人才返乡入乡创业。鼓励原籍普通高校和职业院校毕业生、外出农民工及经商人员回乡创业兴业。推进大学生村官与选调生工作衔接，鼓励引导高校毕业生到村任职、扎根基层、发挥作用。建立选派驻村第一书记工作长效机制。建立城乡人才合作交流机制，探索通过岗位和编制适度分离等多种方式，推进城市教科文卫体等工作人员定期服务乡村。推动职称评定、工资待遇等向乡村教师、医生倾斜，优化乡村教师、医生中高级岗位结构比例。引导规划、建筑、园林等设计人员入乡。允许农村集体经济组织探索人才加入机制，吸引人才、留住人才。

3. 改革完善农村承包地制度

保持农村土地承包关系稳定并长久不变，落实第二轮土地承包到期后再延长 30 年政策。完善农村承包地"三权分置"制度①，在依法保护集体所有权和农户承包权前提下，平等保护并进一步放活土地经营权。健全土地流转规范管理制度，强化规模经营管理服务，允许土地经

---

① 农村承包地"三权分置"是指将农村土地承包经营权分为承包权和经营权，实行所有权、承包权、经营权（以下简称"三权"）分置。"三权分置"下，所有权、承包权和经营权既存在整体效用，又有各自功能。从当前实际出发，实施"三权分置"的重点是放活经营权，核心要义就是明晰赋予经营权应有的法律地位和权能。"三权分置"是继家庭联产承包责任制后农村改革又一重大制度创新，是农村基本经营制度的自我完善，符合生产关系适应生产力发展的客观规律。

营权入股从事农业产业化经营。

4. 稳慎改革农村宅基地制度

加快完成房地一体的宅基地使用权确权登记颁证。探索宅基地所有权、资格权、使用权"三权分置",落实宅基地集体所有权,保障宅基地农户资格权和农民房屋财产权,适度放活宅基地和农民房屋使用权。在依法维护农民宅基地合法权益和严格规范宅基地管理的基础上,探索盘活利用农村闲置宅基地和闲置住宅的有效途径和政策措施。在符合国土空间规划的前提下,鼓励对依法登记的宅基地等农村建设用地进行复合利用,发展乡村民宿、农产品初加工、电子商务等农村产业。按照"依法公平取得、节约集约使用、自愿有偿退出"的目标要求,在完善宅基地权益保障和取得方式、探索宅基地有偿使用和自愿有偿退出机制、完善宅基地管理制度等方面开展试点。

5. 建立集体经营性建设用地入市制度

加快完成农村集体建设用地使用权确权登记颁证。按照国家统一部署,在符合国土空间规划、用途管制和依法取得前提下,允许农村集体经营性建设用地入市,允许就地入市或异地调整入市;允许村集体在农民自愿前提下,依法把有偿收回的闲置宅基地、废弃的集体公益性建设用地转变为集体经营性建设用地入市;推动城中村、城边村、村级工业园等可连片开发区域土地依法合规整治入市;推进集体经营性建设用地使用权和地上建筑物所有权房地一体、分割转让。建立土地征收公共利益认定机制,缩小征地范围,规范征地程序,维护被征地农民和农民集体权益。

专栏6—1

成都市郫都区深入推进农村集体经营性建设用地入市改革试点

成都市郫都区坚持以推进农业供给侧结构性改革为主线,围绕"让农业强起来、农村美起来、农民富起来",深入推进农村集体经营性建设用地入市改革试点，通过"全域统筹、政策集成、集约利用、绿色发展"的探索实践，有效激活三农要素，开创了土地增效、农民增收、集体壮大、产业升级的绿色创新发展新局面。

一、聚焦"地从何来"，创新三定摸底机制，夯实改革基础

按照"符合规划、用途管制、依法取得"的原则，以农村资产"多权同确"为基础，完成了全区152个村、1624个村民小组、9.3万农户的集体土地、房屋所有权等权属确权颁证和集体资产与债权债务核资清理工作。按照"符合规划、用途管制和依法取得"三大原则，围绕"三定"（即"定基数、定图斑、定规模"）进行存量集体经营性建设用地摸底，拓展改革空间。提取2014年土地利用现状数据库中的集体建设用地数据及图形，以此确定存量集体建设用地基数为11.3万亩；与土地利用总体规划和城乡规划相叠加，得到符合"两规"的数据图斑，面积为2.29万亩；结合权属来源、入市可行性等因素，综合确定前期可入市资源4932.79亩。

二、聚焦"地怎么用"，完善土地利用规划，确保科学用地

一方面，创编了专项规划。在成都市国土局的支持帮助下，区政府从农村集体建设用地资源禀赋、生态本底、入市地块状况、产业规划与用地需求四个方面进行了专题分析，对农村集体建设用地的开发利用、管理、基本农田保护等方面，在空间上、时间上做出总体布局和优化安排，创编了《郫县农村集体建设用地土地利用专项规划（2015—2020）》。另一方面，推进村级规划编制工作。完成了105个涉农村（社区）的村庄规划编，选定三道堰镇青杠树村、唐昌镇战旗村作为村级土地利用规划编制试点村，拟定了《成都市村级土地利用规划编制技术方案》，目前已完成两个村的土地利用规划，探索形成了村级土地利用规划编制的基本思路、方法和路径。

三、聚焦"谁来入市"，创新设计组织机构，畅通入市渠道

明确农村集体经济组织作为集体经营性建设用地的所有权主体，将

集体资产以股权形式确权量化到符合资格的集体成员，并以民主自愿原则组建新型农村集体经济组织（即集体资产管理公司）作为产权代表，具体实施农村集体经营性建设用地入市工作。同时，按照该区制定的《农村集体经济组织管理办法》《农村集体经营性建设用地入市主体认定工作办法》进行管理。通过集体资产管理公司，实现了土地入市和集体资产运营，集体和农民土地财产权利得以保障。

四、聚焦"怎样入市"，建立健全制度机制，构建规则体系

以"三建三化"（建规则、建制度、建平台和组织化、民主化、市场化）为指导，围绕"交易规则、交易程序、监管规则"三个方面，共出台了不动产登记、专项规划、入市主体、调节金收取、收益分配、财务监管等21个配套办法。同时，通过"一项机制＋两项奖励"鼓励金融机构抵押放贷。将农村经营性建设用地使用权纳入区农村产权抵押融资风险基金保障范围，由市、区两级风险基金对于收购处置的净损失按4∶6的比例分担。对开展农村集体经营性建设用地使用权抵押贷款的金融机构实施专项奖励和信贷激励，为金融机构和投资人解除后顾之忧。目前，共办理涉及农村集体建设用地13848.19平方米、抵押金额3275.69万元，入市36宗450亩土地，成交价款2.85亿元，收取土地增值收益调节金0.57亿元，征得与契税相当的调节金705万元。

五、聚焦"乡村治理"，创新基层治理模式，保障农民切身利益

为配合农村土地制度改革稳定有序推进，探索形成"四维模式＋三个民主"的农村基层治理模式。"四维模式"即"党建保障＋法治思维＋民主决策＋利益引导"的乡村治理机制，以党支部为战斗堡垒和政治方向，以村民代表大会、村民议事会、村务监督委员会为组织形式，以村民委员会为执行机构，以村庄规划为发展指引，通过"生不添、死不减"固化集体土地和成员，实现全村资产股权量化改造，实现集体资产管理公司与新型集体经济组织一体化运作。"三个民主"即"民主讨论、民主协商、民主决策"。村庄重大事务，包括集体资产的处置，由村民代表大会民主讨论；入市的方式、途径、底价，由村民代表民主协商；入市后土地收益的分配，由集体经济组织成员或成员代表大会民主决策，保障了村民的切身利益。

六、聚焦"如何分配"，坚持分级共享原则，注重农村持续发展

按照"分区位、有级差"的思路，根据"基准地价""规划用途"和"入市方式"的差异，制定实施针对外部分配的"分级调节"和针对内部分配的"二八原则"，改变过去"取之于农，用之于城"的传统，实现土地收益在国家、集体、个人和市场业主之间的共享。其中，"分级调节"即在核算土地增值收益金征收比例上，结合基准地价、规划用途以及入市方式的差异实行分级划分。其中，工矿仓储用地按成交价的13%～23%计提；商服用地按成交价的15%～40%计提；入市后再进行转让、出租的，以土地收入的3%缴纳。同时，根据国家层面的最新规定，将按成交价款的3%～5%向新入市土地的受让方征收与契税相当的调节金。"二八原则"即在坚持"自主决策、着眼长远"的原则，将土地净收益的20%用于成员现金分红，其余80%作为村集体公积金、公益金和风险金等，保障村民长远生计和促进集体经济可持续发展。截至2017年年底，36宗土地入市后，相关农民集体及个人共获得了超过2.85亿元的土地收入，其中约2.21亿元用于集体经济的积累和发展，约4400万元用于农民股东的现金分配。

资料来源：《荒地找到婆家　分红富了农家——成都市郫都区深入推进农村集体经营性建设用地入市改革试点》，人民网，2018年4月12日。

专栏6—2

自贡市深化城乡建设用地增减挂钩试点　全力助推农村奔小康

作为全国首批开展深化城乡建设用地增减挂钩试点城市，自贡市把该项试点作为加快新农村建设、促进城乡统筹发展和优化城乡用地结构的一项重要抓手，在创新破除体制机制瓶颈上狠下功夫，为推进农村土地制度改革注入新的动力活力。

一、突破政策瓶颈，让深化改革试验"活"起来

抢抓深化城乡建设用地增减挂钩试点这个大机遇、大平台、大政策，结合当地丘陵地区实际，编制《自贡市深化城乡建设用地增减挂钩试点规划（2013—2017）》，为全市增减挂钩改革试点提供"地图"和"指南"。一是创新项目区设置。突破此前不能跨区域设置增减挂钩项目区的限制，在中心城区范围内打破区级行政区限制，统筹设置挂钩改革试点区；在两县范围内打破乡镇行政区限制，跨乡（镇）设置挂钩改革试点区，着眼于新型城镇化推进和用地布局调整优化。二是创新项目编制。打破只有立项审批时纳入拆旧区范围的农户才可参加增减挂钩的规定，凡是愿意参与拆旧建新的农户、集体经济组织，均可以自主申请退出农村集体建设用地。三是创新指标管理模式。打破现有增减挂钩政策结余挂钩周转指标不能跨区域使用的限制，允许在市辖城区或县域内自由流动，进行交易。四是创新安置方式。确立了农民自愿有偿退出宅基地货币化安置、集中居住区安置两种补偿方式。其中货币化安置区分房屋主体结构，分别按照16万元/亩、18万元/亩、20万元/亩的标准收购农户宅基地；对自愿申请整户转为城镇居民的，选择货币化安置方式的农户，享受与城镇居民均等的社会保障、教育、就业和户籍等政策，同时给予整户每户每亩2万元的养老保险补助。目前，已货币化安置群众117户，集中居住区安置群众474户2080人，解决了特殊群体的民生问题。

二、简化审批流程，让挂钩项目实施"快"起来

创新审批模式，坚持在挂钩项目审批流程上做"减法"，切实提高项目实施速度。一是简化审批流程。改变现行挂钩试点项目上报、入库、立项、实施、变更、验收的程序调整为项目实施、立项、验收等程

序，项目审批程序进一步简化，实施周期由原来的3年缩短至现在的一年半。二是精简审批项目。建立了行政审批"清单制"和审批项目动态调整机制，下放部分审批事项到区县，开通网上审批功能，拓宽群众办理业务的渠道。同时，定期组织业务人员进行专业培训，提高办事效率。三是整合项目推动。坚持以深化挂钩项目为载体，与美丽新村建设相结合，整合涉农相关项目资金，发挥集聚效应，促进农民集中居住点依法合规有效推进。

三、搭建交易平台，让土地要素"动"起来

依托市、县两级农村产权交易中心和乡（镇）农村产权交易服务站，打造辐射川南的首个农村产权交易平台体系。研究制定《关于建立全市农村产权信息统筹管理机制实施方案》，建立了规范有效的交易规则、监管办法、纠纷调处办法和风险防范机制，探索建立了数据共享和服务平台。全面开展农村产权确权登记颁证工作，将农村集体建设用地使用权、村镇房屋所有权、林权、农村土地承包经营权、城乡建设用地增减挂钩结余建设用地指标、耕地占补平衡指标纳入农村产权交易平台，促进土地要素合理、加速流动。

资料来源：《自贡市深化城乡建设用地增减挂钩试点　全力助推农村奔小康》，人民网，2018年2月26日。

6. 健全财政投入保障机制

鼓励各级财政支持城乡融合发展及相关平台和载体建设，发挥财政资金四两拨千斤作用，撬动更多社会资金投入。建立涉农资金统筹整合长效机制，提高资金配置效率。调整土地出让收入使用范围，提高农业农村投入比例。支持地方政府在债务风险可控前提下发行政府债券，用于城乡融合公益性项目。

7. 完善乡村金融服务体系

加强乡村信用环境建设，推动农村信用社和农商行回归本源，改革村镇银行培育发展模式，创新中小银行和地方银行金融产品提供机制，

加大开发性和政策性金融支持力度。依法合规开展农村集体经营性建设用地使用权、农民房屋财产权、集体林权抵押融资，以及承包地经营权、集体资产股权等担保融资。实现已入市集体土地与国有土地在资本市场同地同权。建立健全农业信贷担保体系，鼓励有条件有需求的地区按市场化方式设立担保机构。加快完善农业保险制度，推动政策性保险扩面、增品、提标，降低农户生产经营风险。支持通过市场化方式设立城乡融合发展基金，引导社会资本培育一批国家城乡融合典型项目。完善农村金融风险防范处置机制。

8. 建立工商资本入乡促进机制

深化"放管服"改革，强化法律规划政策指导和诚信建设，打造法治化便利化基层营商环境，稳定市场主体预期，引导工商资本为城乡融合发展提供资金、产业、技术等支持。完善融资贷款和配套设施建设补助等政策，鼓励工商资本投资适合产业化规模化集约化经营的农业领域。通过政府购买服务等方式，支持社会力量进入乡村生活性服务业。支持城市搭建城中村改造合作平台，探索在政府引导下工商资本与村集体合作共赢模式，发展壮大村级集体经济。建立工商资本租赁农地监管和风险防范机制，严守耕地保护红线，确保农地农用，防止农村集体产权和农民合法利益受到侵害。

9. 建立科技成果入乡转化机制

健全涉农技术创新市场导向机制和产学研用合作机制，鼓励创建技术转移机构和技术服务网络，建立科研人员到乡村兼职和离岗创业制度，探索其在涉农企业技术入股、兼职兼薪机制。建立健全农业科研成果产权制度，赋予科研人员科技成果所有权。发挥政府引导推动作用，建立有利于涉农科研成果转化推广的激励机制与利益分享机制。探索公益性和经营性农技推广融合发展机制，允许农技人员通过提供增值服务合理取酬。

(二)推进基础设施和公共服务一体化

把公共基础设施建设重点放在乡村,坚持先建机制、后建工程,加快推动乡村基础设施提档升级,实现城乡基础设施统一规划、统一建设、统一管护。推动公共服务向农村延伸、社会事业向农村覆盖,健全全民覆盖、普惠共享、城乡一体的基本公共服务体系,推进城乡基本公共服务标准统一、制度并轨。

1. 建立城乡基础设施一体化规划机制

以市县域为整体,统筹规划城乡基础设施,统筹布局道路、供水、供电、信息、广播电视、防洪和垃圾污水处理等设施。统筹规划重要市政公用设施,推动向城市郊区乡村和规模较大中心镇延伸。推动城乡路网一体规划设计,畅通城乡交通运输连接,加快实现县乡村(户)道路联通、城乡道路客运一体化,完善道路安全防范措施。统筹规划城乡污染物收运处置体系,严防城市污染上山下乡,因地制宜统筹处理城乡垃圾污水,加快建立乡村生态环境保护和美丽乡村建设长效机制。加强城乡公共安全视频监控规划、建设和联网应用,统一技术规范、基础数据和数据开放标准。

2. 健全城乡基础设施一体化建设机制

明确乡村基础设施的公共产品定位,构建事权清晰、权责一致、中央支持、省级统筹、市县负责的城乡基础设施一体化建设机制。健全分级分类投入机制,对乡村道路、水利、渡口、公交和邮政等公益性强、经济性差的设施,建设投入以政府为主;对乡村供水、垃圾污水处理和农贸市场等有一定经济收益的设施,政府加大投入力度,积极引入社会资本,并引导农民投入;对乡村供电、电信和物流等经营性为主的设施,建设投入以企业为主。支持有条件的地方政府将城乡基础设施项目整体打包,实行一体化开发建设。

3. 建立城乡基础设施一体化管护机制

合理确定城乡基础设施统一管护运行模式,健全有利于基础设施长期发挥效益的体制机制。对城乡道路等公益性设施,管护和运行投入纳入一般公共财政预算。明确乡村基础设施产权归属,由产权所有者建立管护制度,落实管护责任。以政府购买服务等方式引入专业化企业,提高管护市场化程度。推进城市基础设施建设运营事业单位改革,建立独立核算、自主经营的企业化管理模式,更好行使城乡基础设施管护责任。

4. 建立城乡教育资源均衡配置机制

优先发展农村教育事业,建立以城带乡、整体推进、城乡一体、均衡发展的义务教育发展机制。鼓励省级政府建立统筹规划、统一选拔的乡村教师补充机制,为乡村学校输送优秀高校毕业生。推动教师资源向乡村倾斜,通过稳步提高待遇等措施增强乡村教师岗位吸引力。实行义务教育学校教师"县管校聘",推行县域内校长教师交流轮岗和城乡教育联合体模式。完善教育信息化发展机制,推动优质教育资源城乡共享。多渠道增加乡村普惠性学前教育资源,推行城乡义务教育学校标准化建设,加强寄宿制学校建设。

5. 健全乡村医疗卫生服务体系

建立和完善相关政策制度,增加基层医务人员岗位吸引力,加强乡村医疗卫生人才队伍建设。改善乡镇卫生院和村卫生室条件,因地制宜建立完善医疗废物收集转运体系,提高慢性病、职业病、地方病和重大传染病防治能力,加强精神卫生工作,倡导优生优育。健全网络化服务运行机制,鼓励县医院与乡镇卫生院建立县域医共体,鼓励城市大医院与县医院建立对口帮扶、巡回医疗和远程医疗机制。全面建立分级诊疗制度,实行差别化医保支付政策。因地制宜建立完善全民健身服务体系。

专栏6—3

遂宁市全国首创"联村示范卫生室"建设试点

遂宁市抢抓"国家公立医院综合改革试点"机遇,针对农村空心化、老龄化的现实以及农村卫生事业结构不优、水平不高、硬件不硬的现状，打破仅在行政村设卫生室惯性思维，在区域集中、常住人口较多的行政村新建或改扩建"联村示范卫生室"，切实解决群众"看病难、看病贵"问题。

一、强化"三方联动"，探索资源整合新模式

一是政府出智，补齐基层人才短板。针对在岗乡村医生年龄老化、业务知识更新不及时等突出问题，采取实施"县招乡用、乡招村用、县招村用"的"三招三用"新机制，通过组团招聘、小分队招聘、校园招聘等方式充实基层医疗机构人才。同时，探索村医养老新途径，切实解决基础卫生服务人员后顾之忧。2017年招聘乡镇卫生院全科医生50名。二是企业出资，吹响社会扶贫号角。充分调动企业对脱贫攻坚事业关注度，体现企业回报社会的责任担当。通过爱心捐赠方式，促进社会各阶层积极投身健康扶贫事业。四川天齐锂业股份有限公司捐赠1000万元健康扶贫基金，其中780万元用于全市30个"联村示范卫生室"规划建设。三是卫计搭台，助力医疗机构"联姻"。实施"双一体化管理"体制，乡镇卫生院对"联村示范卫生室"的人员、财务、设备实行一体化管理，"联村示范卫生室"对整合的村医实行一体化管理，促进乡镇卫生院和村卫生室共同发展。县级医院对乡镇卫生院开展"口对口"医疗支援，积极落实双向转诊制度，实现县、乡、村医疗机构"抱团"帮扶发展，进一步巩固基层卫生网底，提升医疗服务水平。

二、严格"四有标准"，打造村卫生室新标杆

一有科学功能分区。针对全市大多数村卫生室设在村医自建房或租赁房中，存在房屋陈旧、布局不合理、"三室一房"（诊断室、治疗室、观察室和药房）功能标准低等问题。按照"小乡镇卫生院"功能定位，根据医疗服务流程，科学设置诊断室、治疗室、观察室、检验室、药房等诊疗空间。严格划分功能区、医技检查区、生活区，建立公共卫生室、档案室、健康教育室，确保"联村示范卫生室"功能科学合理。二

有合格医务人员。采用整合相邻村卫生室乡村医生、乡镇卫生院下派医务人员到"联村示范卫生室""乡招村用"等模式，充实"联村示范卫生室"医生、护士、检验等专业人员。从全市医院选派技术精湛、医德高尚的两高人才（高职称、高学历）组建专家团队，开展"口对口"（一名专家对一个贫困村）、"人对人"（一名专家对一个乡村医生）帮扶，让群众不出村就能享受城市大医院、大专家的医疗服务。2017年，首批103名医疗专家已全部到位并全面开展支医工作。三有规范医疗行为。采取鼓励符合条件的在岗乡村医生接受医学学历教育、每3—5年免费到县级医疗卫生机构脱产进修、市级专家定点帮扶指导、推广中医药适宜技术等方式进一步加强业务培训，切实规范诊疗行为，促进合理用药、合理治疗。计划通过三年分批次对当年列入脱贫计划的贫困村村医采取专业理论培训（3天）、实践技能培训（4天）、临床进修学习（7天）等方式开展为期14天的全脱产集中培训，使贫困村村医理论水平和服务能力得到显著提高，医疗服务行为更加规范高效。2017年，首期培训班已圆满结业，培训乡村医生109名。四有完善设施设备。在标准化村卫生室的基础上，配备血球计数仪、尿液分析仪、显微镜、心电图机等常规设备，安装宽带网络、电脑、打印机，配置电视机、音响、桌椅板凳等健康教育设备。同时，配备药品150余种，中成药、中药饮片400余种，进一步丰富基层卫生诊疗药品种类。

三、坚持"三轮驱动"，确保改革试点见实效

一是强化领导统筹带动。全市成立"联村示范卫生室"建设领导小组，建立联席会议制度，协调解决推进工作中遇到的问题。各县（区）宣传、卫计、规划等部门围绕推进"联村示范卫生室"建设加强沟通协作，推动"联村示范卫生室"建设有序推进。率先在全省制定加快农村卫生事业健康发展的实施意见，进一步明确在全市建立以基本医疗、预防、保健相结合，责、权、利相统一，硬件设施标准化、运营管理规范化、指导监督体系化、服务质量优质化为主要目标的村卫生室管理新模

式。二是强化评估上下联动。在征得当地乡村医生同意的基础上，通过村委会、乡镇卫生院、乡镇政府、县（区）卫计局对拟建"联村示范卫生室"项目进行逐级推荐申报。由市委宣传部、市卫计委、市规划局、四川天齐锂业股份有限公司联合组成"联村示范卫生室"拟建评估组，对各县（区）申报的"联村示范卫生室"拟建地址、设计方案等进行综合评估。2017年已建成首批10个"联村示范卫生室"。三是强化督查快速推动。成立了"联村示范卫生室"督查专责小组，坚持"一月一督查、一周一短信通报"的工作制度，根据不同阶段工作重点和任务，采取随机抽查、查阅资料、实地查看、走访群众、受理信访举报等形式进行，及时发现和掌握工作中存在的问题，责令相关单位限时整改，确保工作落地见效。对实施进度缓慢、落实工作不力、群众满意度较低的县（区）实行督导督办制，推动各项工作落地落实。

资料来源：《遂宁市全国首创"联村示范卫生室"建设试点》，攀枝花市政府网站，2018年7月27日。

6. 健全城乡公共文化服务体系

统筹城乡公共文化设施布局、服务提供、队伍建设，推动文化资源重点向乡村倾斜，提高服务的覆盖面和适用性。推行公共文化服务参与式管理模式，建立城乡居民评价与反馈机制，引导居民参与公共文化服务项目规划、建设、管理和监督，推动服务项目与居民需求有效对接。支持乡村民间文化团体开展符合乡村特点的文化活动。推动公共文化服务社会化发展，鼓励社会力量参与。建立文化结对帮扶机制，推动文化工作者和志愿者等投身乡村文化建设。划定乡村建设的历史文化保护线，保护好农业遗迹、文物古迹、民族村寨、传统村落、传统建筑和灌溉工程遗产，推动非物质文化遗产活态传承。发挥风俗习惯、村规民约等优秀传统文化基因的重要作用。

7. 完善城乡统一的社会保险制度

完善统一的城乡居民基本医疗保险、大病保险和基本养老保险制度。建立完善城乡居民基本养老保险待遇确定和基础养老金正常调整机制。巩固医保全国异地就医联网直接结算。做好社会保险关系转移接续工作，建立以国家政务服务平台为统一入口的社会保险公共服务平台。构建多层次农村养老保障体系，创新多元化照料服务模式。

8. 统筹城乡社会救助体系

做好城乡社会救助兜底工作，织密兜牢困难群众基本生活安全网。推进低保制度城乡统筹，健全低保标准动态调整机制，确保动态管理下应保尽保。全面实施特困人员救助供养制度，提高托底保障能力和服务质量。做好困难农民重特大疾病救助工作。健全农村留守儿童和妇女、老年人关爱服务体系。健全困境儿童保障工作体系，完善残疾人福利制度和服务体系。改革人身损害赔偿制度，统一城乡居民赔偿标准。

9. 建立健全乡村治理机制

建立健全党组织领导的自治、法治、德治相结合的乡村治理体系，发挥群众参与治理主体作用，增强乡村治理能力。强化农村基层党组织领导作用，全面推行村党组织书记通过法定程序担任村委会主任和村级集体经济组织、合作经济组织负责人，健全以财政投入为主的稳定的村级组织运转经费保障机制。加强农村新型经济组织和社会组织的党建工作，引导其坚持为农村服务。加强自治组织规范化制度化建设，健全村级议事协商制度。打造一门式办理、一站式服务、线上线下结合的村级综合服务平台，完善网格化管理体系和乡村便民服务体系。

（三）推进乡村经济多元化发展和农民收入持续增长

围绕发展现代农业、培育新产业新业态，完善农企利益紧密联结机制，实现乡村经济多元化和农业全产业链发展。拓宽农民增收渠道，促进农民收入持续增长，持续缩小城乡居民生活水平差距。

1. 完善农业支持保护制度

以市场需求为导向，深化农业供给侧结构性改革，不断提高农业质量效益和竞争力。全面落实永久基本农田特殊保护制度，划定粮食生产功能区和重要农产品生产保护区，完善支持政策。按照增加总量、优化存量、提高效能的原则，强化高质量发展导向，加快构建农业补贴政策体系。发展多种形式农业适度规模经营，健全现代农业产业体系、生产体系、经营体系。完善支持农业机械化政策，推进农业机械化全程全面发展，加强面向小农户的社会化服务。完善农业绿色发展制度，推行农业清洁生产方式，健全耕地、草原、森林、河流、湖泊休养生息制度和轮作休耕制度。

2. 建立新产业新业态培育机制

构建农村一二三产业融合发展体系，依托"互联网＋"和"双创"推动农业生产经营模式转变，健全乡村旅游、休闲农业、民宿经济、农耕文化体验、健康养老等新业态培育机制，探索农产品个性化定制服务、会展农业和农业众筹等新模式，完善农村电子商务支持政策，实现城乡生产与消费多层次对接。加强农产品仓储保鲜和冷链物流设施建设，健全农村产权交易、商贸流通、检验检测认证等平台和智能标准厂房等设施，引导农村二三产业集聚发展。完善利益联结机制，通过资源变资产、资金变股金、农民变股东的方式，让农民更多分享产业增值收益。在年度新增建设用地计划指标中，安排一定比例支持乡村新产业新业态发展，探索实行混合用地等方式。严格农业设施用地管理，满足合理需求。

3. 探索生态产品价值实现机制

牢固树立绿水青山就是金山银山的理念，建立政府主导、企业和社会各界参与、市场化运作、可持续的城乡生态产品价值实现机制。开展生态产品价值核算，通过政府对公共生态产品采购、生产者对自然资源约束性有偿使用、消费者对生态环境附加值付费、供需双方在生态产品交易市场中的权益交易等方式，构建更多运用经济杠杆进行生态保护和环境治理的市场体系。完善自然资源资产产权制度，维护参与者权益。

完善自然资源价格形成机制，建立自然资源政府公示价格体系，推进自然资源资产抵押融资，增强市场活力。

4. 建立乡村文化保护利用机制

立足乡村文明，汲取城市文明及外来文化优秀成果，推动乡村优秀传统文化创造性转化、创新性发展。推动优秀农耕文化遗产保护与合理适度利用。建立地方和民族特色文化资源挖掘利用机制，发展特色文化产业。创新传统工艺振兴模式，发展特色工艺产品和品牌。健全文物保护单位和传统村落整体保护利用机制。鼓励乡村建筑文化传承创新，强化村庄建筑风貌规划管控。培育挖掘乡土文化本土人才，引导企业积极参与，显化乡村文化价值。

5. 搭建城乡产业协同发展平台

培育发展城乡产业协同发展先行区，推动城乡要素跨界配置和产业有机融合。把特色小镇作为城乡要素融合重要载体，打造集聚特色产业的创新创业生态圈。优化提升各类农业园区。完善小城镇联结城乡的功能，探索创新美丽乡村特色化差异化发展模式，盘活用好乡村资源资产。创建一批城乡融合典型项目，形成示范带动效应。

6. 健全城乡统筹规划制度

按照国土空间总体规划编制要求，突出规划的综合性，对行政区全域范围涉及的国土空间保护、开发、利用、修复做全局性的安排。强化城乡一体设计，统筹安排市县农田保护、生态涵养、城镇建设、村落分布等空间布局，统筹推进产业发展和基础设施、公共服务等建设，更好发挥规划对市县发展的指导约束作用。加快培育乡村规划设计、项目建设运营等方面人才。综合考虑村庄演变规律、集聚特点和现状分布，因地制宜编制村庄规划。

7. 完善促进农民工资性收入增长环境

推动形成平等竞争、规范有序、城乡统一的劳动力市场，统筹推进农村劳动力转移就业和就地创业就业。规范招工用人制度，消除一切就业歧视，健全农民工劳动权益保护机制，落实农民工与城镇职工平等就业制度。健全城乡均等的公共就业创业服务制度，努力增加就业岗位和创业机会。提高新生代农民工职业技能培训的针对性和有效性，健全农民工输出输入地劳务对接机制。

8. 健全农民经营性收入增长机制

完善财税、信贷、保险、用地等政策，加强职业农民培训，培育发展新型农业经营主体。建立农产品优质优价正向激励机制，支持新型经营主体发展"三品一标"农产品、打造区域公用品牌，提高产品档次和附加值。引导龙头企业与农民共建农业产业化联合体，让农民分享加工销售环节收益。完善企业与农民利益联结机制，引导农户自愿以土地经营权等入股企业，通过利润返还、保底分红、股份合作等多种形式，拓宽农民增收渠道。促进小农户和现代农业发展有机衔接，突出抓好农民合作社和家庭农场两类农业经营主体发展，培育专业化市场化服务组织，帮助小农户节本增收。

9. 建立农民财产性收入增长机制

以市场化改革为导向，深化农村集体产权制度改革，推动资源变资产、资金变股金、农民变股东。加快完成农村集体资产清产核资，把所有权确权到不同层级的农村集体经济组织成员。加快推进经营性资产股份合作制改革，将农村集体经营性资产以股份或者份额形式量化到集体经济组织成员。对财政资金投入农业农村形成的经营性资产，鼓励各地探索将其折股量化到集体经济组织成员。创新农村集体经济运行机制，探索混合经营等多种实现形式，确保集体资产保值增值和农民收益。完善农村集体产权权能，完善农民对集体资产股份占有、收益、有偿退出及担保、继承权等。

10. 强化农民转移性收入保障机制

履行好政府再分配调节职能，完善对农民直接补贴政策，健全生产者补贴制度，逐步扩大覆盖范围。在统筹整合涉农资金基础上，探索建立普惠性农民补贴长效机制。创新涉农财政性建设资金使用方式，支持符合条件的农业产业化规模化项目。

11. 加强扶贫脱贫长效机制

建立完善农村低收入人口和欠发达地区帮扶机制，保持主要帮扶政策和财政投入力度总体稳定，持续推进脱贫地区发展。严格落实"摘帽不摘责任、摘帽不摘政策、摘帽不摘帮扶、摘帽不摘监管"要求，建立健全巩固拓展脱贫攻坚成果长效机制。健全防止返贫动态监测和精准帮扶机制，建立健全快速发现和响应机制，分层分类及时纳入帮扶政策范围。完善农村社会保障和救助制度，健全农村低收入人口常态化帮扶机制。做好异地搬迁后续帮扶，加强大型搬迁安置区新型城镇化建设。实施脱贫地区特色种养业提升行动，广泛开展农产品产销对接活动，深化拓展消费帮扶。在西部地区脱贫县中集中支持一批乡村振兴重点帮扶县，从财政、金融、土地、人才、基础设施、公共服务等方面给予集中支持，增强其巩固脱贫成果及内生发展能力。坚持和完善东西部协作和对口支援、中央单位定点帮扶、社会力量参与帮扶等机制，调整优化东西部协作结对帮扶关系和帮扶方式，强化产业合作和劳务协作。

专栏 6—4

金昌市以创新体制机制促进城乡融合发展

甘肃省金昌市地处西北内陆、河西走廊东段，是我国最大的镍钴生产基地和铂族金属提炼中心，也是甘肃省重要的粮食生产基地。近年来，金昌市充分发挥工业和城市的辐射带动作用，加快推进新型城镇化建设步伐，取得了显著成效，被甘肃省列为全省统筹城乡一体化发展试点市和统筹城乡综合配套改革示范区。

一、科学规划，拓展城乡一体化发展空间

坚持把城乡一体化发展规划作为推进新型城镇化的前提，着眼于全局、着眼于长远、着眼于实践，高起点、高水平地制定实施规划，并随着经济社会的发展变化完善规划，不断提高规划的科学性、前瞻性、系统性。按照工业向园区集中、农民向城镇集中、土地向规模经营集中的原则，先后编制完成城乡总体规划、城乡一体化发展规划、农业与农村区域发展规划，分类编制了特色产业发展、城乡基础设施建设、公共服务配套、生态环境保护等专项规划。编制完成所有行政村村庄和小康建设规划，实现了市、县（区）、乡镇、村（社区）和农民集中居住区和小康建设规划全覆盖。

二、整合资源，探索城乡融合发展新模式

坚持"因地制宜、分类指导、富民惠民、融合发展"的原则，根据农村实际分别选择工作着力点和突破口，探索创新行之有效的建设与发展模式。一是"以地换房产、以地建保障"的城中村改造模式。按照"政府引导、群众自愿、政策普惠、和谐共享"的要求，整体推进"城中村"改造，让农民直接融入城市、变成市民。比如，在西坡村和高岸子村整体改造中，对列入改造范围的农户，按户籍人口以成本价集资住宅楼和沿街商铺，政府奖励一定面积的生产用房或住房装修资金，配套公共服务设施，既改善了农民居住条件，也使农民经济有来源、就业有出路、生活有保障。二是"集中新建、进滩增地"的近郊村建设模式。按照"统一规划、整体推进、土地集约、相对集中"的要求，对地处城区近郊、土地相对紧缺的村，打破村组界限，无偿划拨国有荒滩，集中建设新农宅。比如，中牌村和西湾村离市区较近，在国有荒滩上集中建设了新农宅，实行基础设施、社会保障、公共服务、社会管理一体化，变荒滩地为集中住宅区、变旧宅基地为耕地。三是"就地改造、综合整治"的远郊村建设模式。按照"散居户向大村集中、小村向中心村集中"的要求，对地处远郊、人口相对集中的村庄，采用组团模式统一建设中心村，政府投资配套建设休闲广场、小游园、道路硬化、安全饮水等工程，远郊村公共基础设施不断完善。目前，全市建成农民集中居住

示范点56个，新建高标准农宅2.3万套，65%的农户住上了新农宅，所有行政村都通了油路和公交车，自来水入户率达到92.8%。四是"园区带动、城乡融合"的小城镇发展模式。按照工业向园区集中、农民向城镇集中、土地向适度规模经营集中的要求，依托工业园区和乡镇所在地的基础条件，加快小城镇道路、供排水、供暖、垃圾处理等基础设施优化升级，集中开发住宅小区和安置小区，全面提升小城镇容纳人口、吸纳就业和承接产业的功能，为进入城镇农民提供就业创业、安居乐业保障。比如，河西堡镇依托化工循环经济产业园的优势，积极引导农民向城镇有序转移，全镇农村劳动力中三分之一的进入工业园区转岗就业，三分之一的进入城镇从事第三产业，三分之一的从事现代农业生产，促进了城乡产业合理布局和互动发展。

三、深化改革，健全城乡一体化保障机制

围绕推进"六项改革"、建立"九项机制"，先后制定和完善了30多项改革政策，推动公共财政向农村倾斜、基础设施向农村延伸、社会保障向农村覆盖、公共服务向农村侧重，从政策框架上构建有利于城乡融合发展的制度和机制平台。一是推进城乡一体的户籍制度改革，建立了一元化户籍管理制度，跟进出台了与户籍制度相衔接的教育、卫生、就业、社会保障、优抚安置、社会救助等配套政策，农户在继续享受强农惠农政策的同时，与城市居民同等享受"一元化"公共服务，政策叠加效应有力地促进了农村转移人口市民化。2012年，全市城镇化率达到64.13%，比2008年提高6.5个百分点。二是推进城乡一体的劳动就业和社保制度改革，建立了城乡一体的人力资源市场和居民医保、养老保险、社会救助制度，实现了城乡就业扶持、就业培训和劳动用工的统一管理，除低保外的城乡社保标准全部统一。从今年开始，实施城乡低保并轨计划，力争用三年时间全面实现城乡社保并轨目标。三是推进城乡一体的土地制度改革，鼓励农户以土地承包经营权入股、出租、转让等多种形式流转土地，加快土地确权登记发证工作，完善征地补偿机

制，推动农村集体土地资本化。目前，全市土地流转面积达到22.13万亩，土地流转率达到33.6%。四是推进城乡一体的社会管理体制改革，把城市社区管理服务模式嫁接到农村，全市所有行政村都成立农村社区，建立党支部为领导核心、社工委服务村民、村委会发展经济的农村社区"三委一会"管理新模式，并结合"双联"行动成立驻村联合党支部。建立村干部"万元年薪"计划和报酬稳定增长机制、农村公益设施管理机制，经费纳入县区财政预算，切实增强了基层组织社会管理和服务能力。五是推进城乡一体的公共财政体制改革，逐年加大公共财政覆盖农村的范围，市、县（区）本级财政新增财力的60%以上全部投向"三农"，形成了财政支农资金稳定增长机制。2009—2012年，全市各级财政累计投入涉农资金近24亿元，年均递增13.3%。六是推进城乡一体的规划管理体制改革，按照"规划权上收、管理权下放"的原则，加强市级规划行政部门对县区规划的指导、监督和检查工作，逐步形成"覆盖城乡、集中统一"的城乡规划管理制度。

四、培育主体，切实转变农业生产经营方式

大力培育和鼓励发展专业大户、家庭农场和农民专业合作社等新型经营主体，加快发展现代农业，着力推进农业生产经营体制机制创新。一是推行股份合作试点。以新华村和营盘村为试点，采取"以互换促流转、以入股促集约、以产业促分工、以租赁促分流"的办法，通过集中建设日光温室区、暖棚养殖区、节水示范区、资产出租区和城镇住宅楼等"四区一房"，大胆探索和创新土地流转集约经营，吸纳农户土地入股，形成了特征鲜明的"3331"模式（30%的农民进城务工从事二三产业、30%的农民经营日光温室和塑料大棚、30%的农民经营暖棚圈舍进行舍饲养殖、10%的农民经营高标准节水农田），实现了以家庭为单位的小生产向以公司为主体的适度规模经营的有效转变，拓展了农民增收空间，促进了农民二次产业分工。在探索和推广"3331"模式的基础上，采取"农户土地集体出租、政府投资集中建设、农民专业合作社统

一管理、农户自愿承包经营"的方式,实行资产所有权归惠农投资公司、管理服务权归农民专业合作社、承包经营权归入社农户的"三权分立"经营机制,促进了土地流转,实现了高效集约发展。二是培育发展专业大户、家庭农场。采取奖励补助等多种方式,鼓励和支持承包土地向专业大户、家庭农场流转,扶持发展多种形式的适度规模经营。如永昌县东寨镇上四坝村农民宋廷新,流转承包3000亩土地,建成了以种植苜蓿为主、洋芋为辅的家庭农场,成为当地有名的种植大户。目前全市流转的土地大部分集中在这些新型职业农民手中。三是发挥专业合作社和龙头企业带动作用。鼓励和扶持发展多元化、多类型的专业合作社,大力培育农业产业化龙头企业。如七坝村采取"支部＋合作社＋市场"模式,建立海量辣椒专业合作社,流转土地3500亩,以每亩600元股金入股的方式,建设日光温室、集约化育苗基地,带动当地农户发展辣椒种植。甘肃中天生物科技集团公司采取"公司＋农户＋市场"模式,建成万只良种肉羊、肉牛繁育场、有机肥处理场,公司为入驻养殖小区的农户统一供种、统一销售,带动周边农户发展规模养殖,效益十分明显。目前,全市共培育发展农村专业合作经济组织298个,市级以上龙头企业48家。

五、破解了城乡融合发展的几个难题

一是破解了农民进城后的生活保障难题。通过户籍制度"一元化"改革,建立健全城乡一体的社会保障机制,降低了农民进城落户的门槛,破除了依附于户籍制度上的教育、卫生、社会保障等城乡不平等的体制机制,实现了城乡基本公共服务一体化,使进城农民享有和城市居民一样的待遇和保障。

二是破解了农民脱离土地后的出路难题。现代农业园区的快速发展,高标准日光温室区、高标准暖棚养殖区、高标准节水农田示范区、城市生活用房和城区廉租房的建设,为广大脱离土地的农民搭建了更为广阔的创业平台,并提供了一定的发展基础,使他们能够根据自己的发展意愿迅速完成二次就业,解决了农民失地的忧虑,避免了农民因脱离土地而产生的新的社会矛盾。

三是破解了农民持续增收致富的难题。积极推行股份合作试点,大力培育发展专业大户、家庭农场,充分发挥专业合作社和龙头企业的带动作用,盘活了农民的经营性资产,拓宽了农民增收的渠道,农民的增收由单一的土地受益拓宽到工资性、资产性、政策性等多方面受益,切实加快了农民增收致富的步伐。

四是破解了城乡融合发展动力不足的难题。为了切实增强统筹城乡发展的动力和活力,金昌市创新农村社会管理,健全基层组织建设的体制机制,建立村干部报酬稳定增长机制,实现了"岗位职业化、报酬工薪化、待遇保障化"的目标。深化"联村联户、为民富民"行动,建立完善以市级领导联系乡镇、县级单位联系村社、干部职工联系贫困户为主要形式的三级联动长效机制,市财政设立"双联"专项资金,每年安排1000万元支持强村富民项目建设,所有乡镇和行政村分别建立"双联"帮扶基金和救助基金,切实解决了农民发展融资难的问题。探索推行农村"网格化管理、组团式服务",增强了基层组织的工作活力。

资料来源:《甘肃省金昌市推进新型城镇化案例》,《中国农村科技》2015年第3期。

三、加快农业现代化进程

近年来,我国工业化、信息化得到长足发展,城镇化也进入快速发展时期,而农业现代化发展相对滞后。农业现代化是新型工业化、信息化和城镇化发展的重要基础,农业现代化进程直接关系到社会主义现代化目标得以实现的进度和成色,必须坚定不移地贯彻新发展理念,加快推进农业现代化,构建现代乡村产业体系、现代农业生产体系和现代农业经营体系,走产出高效、产品安全、资源节约、环境友好的农业现代化道路。

1. 提升粮食和重要农产品供给保障能力

粮食安全是政治责任，地方各级党委和政府要实行粮食安全党政同责。深入实施重要农产品保障战略，完善粮食安全省长责任制和"菜篮子"市长负责制，确保粮、棉、油、糖、肉等供给安全。要稳定粮食播种面积，优化品种结构，提高单产和品质。加强粮食生产功能区和重要农产品生产保护区建设。建设国家粮食安全产业带。稳定种粮农民补贴，让种粮有合理收益。坚持并完善稻谷、小麦最低收购价政策，完善玉米、大豆生产者补贴政策。深入推进农业结构调整，推动品种培优、品质提升、品牌打造和标准化生产。鼓励发展青贮玉米等优质饲草饲料，稳定大豆生产，多措并举发展油菜、花生等油料作物。健全产粮大县支持政策体系。扩大稻谷、小麦、玉米三大粮食作物完全成本保险和收入保险试点范围，支持有条件的省份降低产粮大县三大粮食作物农业保险保费县级补贴比例。深入推进优质粮食工程。加快构建现代养殖体系，保护生猪基础产能，健全生猪产业平稳有序发展长效机制，积极发展牛羊产业，继续实施奶业振兴行动，推进水产绿色健康养殖。推进渔港建设和管理改革。促进木本粮油和林下经济发展。优化农产品贸易布局，实施农产品进口多元化战略，支持企业融入全球农产品供应链。保持打击重点农产品走私高压态势。加强口岸检疫和外来入侵物种防控。开展粮食节约行动，减少生产、流通、加工、存储、消费环节粮食损耗浪费。

2. 打好种业翻身仗

加强农业种质资源保护开发利用，加强国家作物、畜禽和海洋渔业生物种质资源库建设。对育种基础性研究以及重点育种项目给予长期稳定支持。加快实施农业生物育种重大科技项目。深入实施农作物和畜禽良种联合攻关。实施新一轮畜禽遗传改良计划和现代种业提升工程。尊重科学、严格监管，有序推进生物育种产业化应用。加强育种领域知识产权保护。支持种业龙头企业建立健全商业化育种体系，加强制种基地和良种繁育体系建设，研究重大品种研发与推广后补助政策，促进育繁推一体化发展。

3. 坚决守住18亿亩耕地红线

统筹布局生态、农业、城镇等功能空间，科学划定各类空间管控边界，严格实行土地用途管制。采取"长牙齿"的硬措施，落实最严格的耕地保护制度，坚决遏制耕地"非农化"和防止耕地"非粮化"，牢牢守住18亿亩耕地红线，要确保15.5亿亩永久基本农田主要种植粮食及瓜菜等一年生的作物；确保规划要建成的10.75亿亩高标准农田，努力种植粮食。要向科技要单产、要效益，坚持农业科技要自立自强，下决心打好种业翻身仗，用现代的农业科技和物质装备来强化粮食安全的支撑。明确耕地利用优先序，永久基本农田重点用于粮食特别是口粮生产，一般耕地主要用于粮食和棉、油、糖、蔬菜等农产品及饲草饲料生产。明确耕地和永久基本农田不同的管制目标和管制强度，严格控制耕地转为林地、园地等其他类型农用地，强化土地流转用途监管，确保耕地数量不减少、质量有提高。实施新一轮高标准农田建设规划，提高建设标准和质量，健全管护机制，多渠道筹集建设资金，中央和地方共同加大粮食主产区高标准农田建设投入，建设旱涝保收、高产稳产高标准农田。在高标准农田建设中增加的耕地作为占补平衡补充耕地指标在省域内调剂，所得收益用于高标准农田建设。加强和改进建设占用耕地占补平衡管理，严格新增耕地核实认定和监管。健全耕地数量和质量监测监管机制，加强耕地保护督察和执法监督。

4. 强化现代农业科技和物质装备支撑

实施大中型灌区续建配套和现代化改造，增加农田有效灌溉面积。加强新增千亿斤粮食生产能力规划的田间工程建设，开展农田整治，完善机耕道、农田防护林等设施，推广土壤有机质提升、测土配方施肥等培肥地力技术。完善高标准农田建后管护支持政策和制度，延长各类设施使用年限，确保农田综合生产能力长期持续稳定提升。坚持农业科技自立自强，完善农业科技领域基础研究稳定支持机制，深化体制改革，布局建设一批创新基地平台。深入开展乡村振兴科技支撑行动。支持高校为乡村振兴提供智力服务。加强农业科技社会化服务体系建设，深入推行科技特派员制度。打造国家热带农业科学中心。提高农机装备自主研制能力，支持高端智能、丘陵山区农机装备研发制造，加大购置补贴力度，开展农机作业补贴。加强农业防灾减灾能力建设，加快构建监测预警、应变防灾、灾后恢复等防灾减灾体系。强化动物防疫和农作物病虫害防治体系建设，完善国家动物疫病防控网络和应急处理机制，强化执法能力建设，切实控制重大动物疫情，提升防控能力。

5. 构建现代乡村产业体系

依托乡村特色优势资源，打造农业全产业链，把产业链主体留在县城，让农民更多分享产业增值收益。加快健全现代农业全产业链标准体系，推动新型农业经营主体按标生产，培育农业龙头企业标准"领跑者"。立足县域布局特色农产品产地初加工和精深加工，建设现代农业产业园、农业产业强镇、优势特色产业集群。推进公益性农产品市场和农产品流通骨干网络建设。开发休闲农业和乡村旅游精品线路，完善配套设施。推进农村一二三产业融合发展示范园和科技示范园区建设。把农业现代化示范区作为推进农业现代化的重要抓手，围绕提高农业产业体系、生产体系、经营体系现代化水平，建立指标体系，加强资源整合、政策集成，以县（市、区）为单位开展创建，努力打造现代农业发展的典型和样板，并积极发挥示范区引领作用，扩大示范带动范围，形成梯次推进农业现代化的格局。创建现代林业产业示范区，稳步推进反映全产业链价值的农业及相关产业统计核算。

6. 推进农业绿色发展

实施国家黑土地保护工程，推广保护性耕作模式。健全耕地休耕轮作制度。持续推进化肥农药减量增效，推广农作物病虫害绿色防控产品和技术。加强畜禽粪污资源化利用。全面实施农作物秸秆综合利用和农膜、农药包装物回收行动，加强可降解农膜研发推广。持续实施农村沼气工程，大力推进农村清洁工程建设，清洁水源、田园和家园。支持建设国家农业绿色发展先行区。加强农产品质量和食品安全监管，发展绿色农产品、有机农产品和地理标志农产品，试行食用农产品达标合格证制度，推进国家农产品质量安全县创建。加强水生生物资源养护，推进以长江为重点的渔政执法能力建设，确保十年禁渔令有效落实，做好退捕渔民安置保障工作。发展节水农业和旱作农业。推进荒漠化、石漠化、坡耕地水土流失综合治理和土壤污染防治、重点区域地下水保护与超采治理。实施水系连通及农村水系综合整治，强化河湖长制。巩固退耕还林还草成果，完善政策、有序推进。实行林长制。科学开展大规模国土绿化行动。完善草原生态保护补助奖励政策，全面推进草原禁牧轮牧休牧，加强草原鼠害防治，稳步恢复草原生态环境。

7. 推进现代农业经营体系建设

突出抓好家庭农场和农民合作社两类经营主体，鼓励发展多种形式适度规模经营。实施家庭农场培育计划，把农业规模经营户培育成有活力的家庭农场。推进农民合作社质量提升，加大对运行规范的农民合作社扶持力度。发展壮大农业专业化社会化服务组织，将先进适用的品种、投入品、技术、装备导入小农户。支持市场主体建设区域性农业全产业链综合服务中心。支持农业产业化龙头企业创新发展、做大做强。深化供销合作社综合改革，开展生产、供销、信用"三位一体"综合合作试点，健全服务农民生产生活综合平台。培育高素质农民，组织参加技能评价、学历教育，设立专门面向农民的技能大赛。吸引城市各方面人才到农村创业创新，参与乡村振兴和现代农业建设。

四、实施乡村建设行动

实施乡村建设行动是党的十九届五中全会作出的重大部署，是推进农业农村现代化的重要抓手。习近平总书记强调，要实施乡村建设行动，继续把公共基础设施建设的重点放在农村，在推进城乡基本公共服务均等化上持续发力，注重加强普惠性、兜底性、基础性民生建设。

1. 加快推进村庄规划工作

2015年4月30日，习近平总书记在十八届中央政治局第二十二次集体学习时的讲话中指出，要完善规划体制，通盘考虑城乡发展规划编制，一体设计，多规合一，切实解决规划上城乡脱节、重城市轻农村的问题。2019年3月9日，习近平总书记在参加十三届全国人大二次会议河南代表团审议时的讲话中指出，按照先规划后建设的原则，通盘考虑土地利用、产业发展、居民点布局、人居环境整治、生态保护和历史文化传承，编制多规合一的适用性规划。

要建设21世纪有中国特色的社会主义可持续发展新农村。21世纪的农村不同于20世纪的农村。无论从区域经济、区域社会，还是区域生态的角度讲，在21世纪，农村是城乡综合体的有机组成部分，而不再是城市的牺牲品和附属品。我们规划建设农村就是规划建设城市本身。

要适应农村人口转移和村庄变化的新形势，科学编制县域村镇体系规划和镇、乡、村庄规划，建设各具特色的美丽乡村。尽快完成县级国土空间规划编制，明确村庄布局分类。积极有序推进"多规合一"实用性村庄规划编制，对有条件、有需求的村庄尽快实现村庄规划全覆盖。对暂时没有编制规划的村庄，严格按照县乡两级国土空间规划中确定的用途管制和建设管理要求进行建设。编制村庄规划要立足现有基础，保留乡村特色风貌，不搞大拆大建。按照规划有序开展各项建设，严肃查处违规乱建行为。完善建设标准和规范，提高农房设计水平和建设质量。继续实施农村危房改造和地震高烈度设防地区农房抗震改造。加强村庄风貌引导，保护传统村落、传统民居和历史文化名村名镇。加大农村地区文化遗产遗迹保护力度。乡村建设是为农民而建，要因地制宜、稳扎稳打，不刮风搞运动。严格规范村庄撤并，不得违背农民意愿、强迫农民上楼，把好事办好、把实事办实。

2. 加强乡村公共基础设施建设

习近平总书记在十八届中央政治局第二十二次集体学习时的讲话中指出，要完善农村基础设施建设机制，推进城乡基础设施互联互通、共建共享，创新农村基础设施和公共服务设施决策、投入、建设、运行管护机制，积极引导社会资本参与农村公益性基础设施建设。

搞好农村基础设施建设，直接关系到农村生产、生活条件和整体面貌的改善，要继续把公共基础设施建设的重点放在农村，着力推进往村覆盖、往户延伸。实施农村道路畅通工程。有序实施较大人口规模自然村（组）通硬化路。加强农村资源路、产业路、旅游路和村内主干道建设。推进农村公路建设项目更多向进村入户倾斜。继续通过中央车购税补助地方资金、成品油税费改革转移支付、地方政府债券等渠道，按规定支持农村道路发展。开展城乡交通一体化示范创建工作。加强农村道路桥梁安全隐患排查，落实管养主体责任。强化农村道路交通安全监管。实施农村供水保障工程。加强中小型水库等稳定水源工程建设和水源保护，实施规模化供水工程建设和小型工程标准化改造，有条件的地区推进城乡供水一体化。完善农村水价水费形成机制和工程长效运营机制。实施乡村清洁能源建设工程。加大农村电网建设力度，全面巩固提升农村电力保障水平。推进燃气下乡，支持建设安全可靠的乡村储气罐站和微管网供气系统。发展农村生物质能源。加强煤炭清洁化利用。实施数字乡村建设发展工程。推动农村千兆光纤、第五代移动通信（5G）、移动物联网与城市同步规划建设。完善电信普遍服务补偿机制，支持农村及偏远地区信息通信基础设施建设。加快建设农业农村遥感卫星等天基设施。发展智慧农业，建立农业农村大数据体系，推动新一代信息技术与农业生产经营深度融合。完善农业气象综合监测网络，提升农业气象灾害防范能力。加强乡村公共服务、社会治理等数字化智能化建设。实施村级综合服务设施提升工程。加强村级客运站点、文化体育、公共照明等服务设施建设。

3. 整治提升农村人居环境

分类有序推进农村厕所革命，加快研发干旱、寒冷地区卫生厕所适用技术和产品，加强中西部地区农村户用厕所改造。统筹农村改厕和污水、黑臭水体治理，因地制宜建设污水处理设施。健全农村生活垃圾收运处置体系，推进源头分类减量、资源化处理利用，建设一批有机废弃物综合处置利用设施。健全农村人居环境设施管护机制。有条件的地区推广城乡环卫一体化第三方治理。深入推进村庄清洁和绿化行动。开展美丽宜居村庄和美丽庭院示范创建活动。

4. 提升农村基本公共服务水平

建立城乡公共资源均衡配置机制，强化农村基本公共服务供给县乡村统筹，逐步实现标准统一、制度并轨。提高农村教育质量，多渠道增加农村普惠性学前教育资源供给，继续改善乡镇寄宿制学校办学条件，保留并办好必要的乡村小规模学校，在县城和中心镇新建改扩建一批高中和中等职业学校。完善农村特殊教育保障机制。推进县域内义务教育学校校长教师交流轮岗，支持建设城乡学校共同体。面向农民就业创业需求，发展职业技术教育与技能培训，建设一批产教融合基地。开展耕读教育，加快发展面向乡村的网络教育，加大涉农高校、涉农职业院校、涉农学科专业建设力度。全面推进健康乡村建设，提升村卫生室标准化建设和健康管理水平，推动乡村医生向执业（助理）医师转变，采取派驻、巡诊等方式提高基层卫生服务水平。提升乡镇卫生院医疗服务能力，选建一批中心卫生院。加强县级医院建设，持续提升县级疾控机构应对重大疫情及突发公共卫生事件能力。加强县域紧密型医共体建设，实行医保总额预算管理。加强妇幼、老年人、残疾人等重点人群健康服务。健全统筹城乡的就业政策和服务体系，推动公共就业服务机构向乡村延伸。深入实施新生代农民工职业技能提升计划。完善统一的城乡居民基本医疗保险制度，合理提高政府补助标准和个人缴费标准，健全重大疾病医疗保险和救助制度。落实城乡居民基本养老保险待遇确定和正常调整机制。推进城乡低保制度统筹发展，逐步提高特困人员供养服务质量。加强对农村留守儿童和妇女、老年人以及困境儿童的关爱服务。健全县乡村衔接的三级养老服务网络，推动村级幸福院、日间照料中心等养老服务设施建设，发展农村普惠型养老服务和互助性养老。推进农村公益性殡葬设施建设。推进城乡公共文化服务体系一体化建设，创新实施文化惠民工程。

专栏6—5

浙江省推广农村文化礼堂振兴乡村文化

如何既保持乡村文化的形态，传承维护乡村生产生活方式所产生的价值规范，又能够融入现代社会生活，是当下乡村文化振兴面临的一个重要课题。有不少地方探索农家书屋、乡村文化活动中心等模式，取得了一些成果，但局限于简单乡村文化产品供给，在凝聚提升乡村文化、发挥村民乡村文化主体地位等方面作用较小，离乡村社会的现实需求仍有较大的差距。

2012年，杭州临安开启农村文化礼堂建设，探索乡村文化向社区文化转型的新模式。2013年，浙江省将农村文化礼堂建设模式向全省推广，各地纷纷响应。截至2018年，全省已有农村文化礼堂10000余家。

什么是农村文化礼堂？农村文化礼堂是集文化设施、文脉传承、文脉传播于一身的综合性文化载体。杭州在开展农村文化礼堂建设中，注重充分利用当地农村自然资源禀赋，挖掘传统文化资源，注重传统与现代的融合，形成建筑风格、内容形式等方面的特色，力求做到"一村一品"。在余杭，奇鹤村以古戏台和祠堂载体打造文化礼堂，花园村以西镇区委旧址为载体打造文化礼堂。在富阳，黄公望村以黄公望隐居地和《富春山居图》为精神内核，以弘扬书画文化打造文化礼堂。

打造有特色的农村文化礼堂空间载体只是第一步，丰富多彩、形式多样的农村文化礼堂功能内容才是关键。杭州农村文化礼堂注重日常生活空间、公共活动的营造。礼堂既用于村民大会等村民自治活动，也用于节庆文艺、读书培训等教育、娱乐活动。在礼堂的文化展示上，包括村史、民风、艺术等内容。在设施配备上，包括文化活动室、农家书屋、广播室、网络共享平台等场所。村民自治、教育娱乐、民风民俗等多层内容的整合，使农村文化礼堂成为乡村以农村社区为单位的文化共同体。

浙江的农村文化礼堂，是基于农村社区文化要素的聚集、农村社区内生力量的打造而诞生的。在政府完成出资和建设任务后，农村文化礼堂的管理运行权交给村两委，而村民委员会正是基层群众性自治组织。在文化要素的驱动下，农村青少年文化团队、志愿服务团队、地方文艺团队等农村社会组织有效发展，为农村文化礼堂的内容构建、农村社区文化营造都发挥着重要作用。这种社区内生力量的产生和壮大，才是乡村文化振兴乃至乡村振兴所真正需要和期待的。

资料来源：根据刘达开撰写《乡村振兴之路上的农村文化礼堂》（杭州城研中心网站，2019年7月22日）改写。

5. 全国新农村建设示范点——上海市嘉定区毛桥村建设社会主义新农村的实践

上海市嘉定区毛桥村土地面积1272亩，共243户农户，总人口690人。毛桥自然村落相对集中，其农宅保留了传统江南民居的特色，村庄内河流交错、道路纵横、环境清幽、民风淳朴。

2006年3月，毛桥村开始进行村庄综合改造。为突出"生态建村、产业富村、民主治村"的理念，体现鲜明的地域特色和时代特征，毛桥村坚持规划先行，邀请区有关部门和专家对毛桥村进行规划，并广泛征求农户对改造的意见，力求保持毛桥村原有的生态文化特色，又体现农村新气象，综合提升村庄的基础设施水平，改善公共服务设施条件，切实提高村民生活质量。

在改造实施中，毛桥村以传统的青瓦白墙为主，保留农村大灶、柴垛、老井、青石板路等当地农村原始设施，充分展现了江南水乡的自然风貌。同时，从八个方面对村庄环境和基础设施进行综合改造。对建筑年代较长的住宅进行适当整修；对建筑年代较近的住宅进行立面粉饰；对影响整体环境的部分建筑予以拆除；对原有的路网进行适当拓宽和改造；对河道进行疏浚、驳岸等；对农户的卫生间进行新建和改建；对农户的厨房进行改造，但保留原有的农村大灶；对整个自然宅的自来水管道进行重新铺设，并新建生活污水收集系统和污水生化处理系统；在宅前屋后及道路两侧增建绿地，并体现本地自然品种；对电网、通信网、有线电视网进行改造，并为每一户农户新装分时电表，在干道上安装路灯。

经过综合改造和整治，蜿蜒平坦的乡间小道环绕着白墙黛瓦的农家小楼，老树青藤、小桥流水，整个村庄就是一座优美的农家园林，实现了外墙白化、道路硬化、河道净化、环境美化、生活优化。毛桥村被农业部定位全国社会主义新农村建设 35 个示范点之一。

毛桥村抓住村庄改造的机遇，利用都市近郊的区位优势和独有的自然风貌，大力发展观光旅游业，开始农家乐餐饮、休闲、垂钓、蔬果采摘等项目，并开展特色农副产品供应，为农民增收打开了新渠道。

毛桥村注重培育文明和谐的农村新风尚，开始"农家书屋"，开展星级家庭评选活动，修建问题活动中心，组建健身队、乒乓队、篮球队，丰富了村民们的文娱活动，被列为联合国教科文组织"农村社区学习中心"项目实验单位。

思考题

1. 当前我国城乡融合发展存在哪些障碍?
2. 我国户籍制度改革的方向是什么?
3. 如何实现城乡公共服务一体化?

第七章　改革完善城镇化发展体制机制

党的十八届三中全会通过的《中共中央关于全面深化改革若干重大问题的决定》提出，要完善城镇化健康发展体制机制，坚持走中国特色新型城镇化道路，推进以人为核心的城镇化，推动大中小城市和小城镇协调发展、产业和城镇融合发展，促进城镇化和新农村建设协调推进。这为完善城镇化健康发展体制机制提出了明确目标。要加强制度顶层设计，尊重市场规律，统筹推进人口管理、土地管理、财税金融、生态环境等重点领域和关键环节体制机制改革，形成有利于城镇化健康发展的制度环境。

一、推进人口管理制度改革

推进城镇化，必须以人为核心，大力推进人口城镇化，实现人口市民化，这是中国特色新型城镇化的重点，也是城镇化工作的重点。在我们这样一个人多地少、城乡区域发展差异大、生态环境接近承载极限的国家推进城镇化，路子必须走正，不然就会犯历史性错误，造成难以挽回的巨大损失。过去一二十年，我国的土地城镇化速度远远快于人口城镇化。2000—2010年，全国城市建成区面积增长了78.5%，而同期城镇人口只增长了45.9%。这种大量占用土地的城镇化，是我国的土地资源根本无法承受的。以人为核心的城镇化，就是要扭转以地为核心、大量圈地造城、要地不要人的城镇化偏向，实现土地城镇化和人口城镇化相协调。推进以人为核心的城镇化，在体制机制上，就是要加快户籍制度改革，逐步把符合条件的农业转移人口转为城镇居民，稳步推进城镇基本公共服务常住人口全覆盖，让农业转移人口在城镇能够进得来、住得下、融得进、能就业、可创业。在加快改革户籍制度的同时，创新和完善人口服务和管理制度，逐步消除城乡区域间户籍壁垒，还原户籍的人口登记管理功能，促进人口有序流动、合理分布和社会融合。

（一）进一步调整户口迁移政策

2019年12月，中共中央办公厅、国务院办公厅印发了《关于促进劳动力和人才社会性流动体制机制改革的意见》，户口迁移政策改革向前迈出一大步。进入2021年，国家继续强调推进户籍制度改革。2021年1月，中共中央办公厅、国务院办公厅印发的《建设高标准市场体系行动方案》提出，除超大、特大城市外，在具备条件的都市圈或城市群探索实行户籍准入年限同城化累计互认，试行以经常居住地登记户口制度。《中华人民共和国经济和社会发展第十四个五年规划和2035年远景目标纲要》提出，放开放宽除个别超大城市外的落户限制，试行以经常居住地登记户口制度。这些政策大大破除了妨碍劳动力、人才社会性流动的体制机制弊端，使人人都有通过辛勤劳动实现自身发展的机会。

第一，全面取消城区常住人口300万以下的城市落户限制，全面放宽城区常住人口300万至500万的Ⅰ型大城市落户条件。

第二，完善城区常住人口500万以上的超大特大城市积分落户政策，精简积分项目，确保社会保险缴纳年限和居住年限分数占主要比例。根据综合承载能力和经济社会发展需要，以具有合法稳定就业和合法稳定住所（含租赁）、参加城镇社会保险年限、连续居住年限等为主要指标，合理设置积分分值。按照总量控制、公开透明、有序办理、公平公正的原则，达到规定分值的流动人口本人及其共同居住生活的配偶、未成年子女、父母等，可以在当地申请登记常住户口。

第三，健全以居住证为载体、与居住年限等条件相挂钩的基本公共服务提供机制，鼓励地方政府提供更多基本公共服务和办事便利，提高居住证持有人城镇义务教育、住房保障等服务的实际享有水平。

第四，完善全国统一的社会保险公共服务平台，推动社保转移接续。

第五，加快建设医疗保障信息系统，构建全国统一、多级互联的数据共享交换体系，促进跨地区、跨层级、跨部门业务协同办理。

（二）创新人口管理

1. 建立城乡统一的户口登记制度

取消农业户口与非农业户口性质区分和由此衍生的蓝印户口等户口类型，统一登记为居民户口，体现户籍制度的人口登记管理功能。建立与统一城乡户口登记制度相适应的教育、卫生计生、就业、社保、住房、土地及人口统计制度。

2. 建立居住证制度

公民离开常住户口所在地到其他设区的市级以上城市居住半年以上的，在居住地申领居住证。符合条件的居住证持有人，可以在居住地申请登记常住户口。以居住证为载体，建立健全与居住年限等条件相挂钩的基本公共服务提供机制。居住证持有人享有与当地户籍人口同等的劳动就业、基本公共教育、基本医疗卫生服务、计划生育服务、公共文化服务、证照办理服务等权利；以连续居住年限和参加社会保险年限等为条件，逐步享有与当地户籍人口同等的中等职业教育资助、就业扶持、住房保障、养老服务、社会福利、社会救助等权利，同时结合随迁子女在当地连续就学年限等情况，逐步享有随迁子女在当地参加中考和高考的资格。各地要积极创造条件，不断扩大向居住证持有人提供公共服务的范围。按照权责对等的原则，居住证持有人应当履行服兵役和参加民兵组织等国家和地方规定的公民义务。

3. 健全人口信息管理制度

建立健全实际居住人口登记制度，加强和完善人口统计调查，全面、准确掌握人口规模、人员结构、地区分布等情况。建设和完善覆盖全国人口、以公民身份证号码为唯一标识、以人口基础信息为基准的国家人口基础信息库，分类完善劳动就业、教育、收入、社保、房产、信用、卫生计生、税务、婚姻、民族等信息系统，逐步实现跨部门、跨地区信息整合和共享，为制定人口发展战略和政策提供信息支持，为人口服务和管理提供支撑。

（三）切实保障农业转移人口及其他常住人口合法权益

1. 完善农村产权制度

土地承包经营权和宅基地使用权是法律赋予农户的用益物权，集体收益分配权是农民作为集体经济组织成员应当享有的合法财产权利。加快推进农村土地确权、登记、颁证，依法保障农民的土地承包经营权、宅基地使用权。推进农村集体经济组织产权制度改革，探索集体经济组织成员资格认定办法和集体经济有效实现形式，保护成员的集体财产权和收益分配权。建立农村产权流转交易市场，推动农村产权流转交易公开、公正、规范运行。坚持依法、自愿、有偿的原则，引导农业转移人口有序流转土地承包经营权。

2. 扩大基本公共服务覆盖面

保障农业转移人口及其他常住人口随迁子女平等享有受教育权利；将随迁子女义务教育纳入各级政府教育发展规划和财政保障范畴；逐步完善并落实随迁子女在流入地接受中等职业教育免学费和普惠性学前教育的政策以及接受义务教育后参加升学考试的实施办法。完善就业失业登记管理制度，面向农业转移人口全面提供政府补贴职业技能培训服务，加大创业扶持力度，促进农村转移劳动力就业。将农业转移人口及其他常住人口纳入社区卫生和计划生育服务体系，提供基本医疗卫生服务。把进城落户农民完全纳入城镇社会保障体系，在农村参加的养老保险和医疗保险规范接入城镇社会保障体系，完善并落实医疗保险关系转移接续办法和异地就医结算办法,整合城乡居民基本医疗保险制度,加快实施统一的城乡医疗救助制度。提高统筹层次,实现基础养老金全国统筹。加快建立覆盖城乡的社会养老服务体系,促进基本养老服务均等化。完善以低保制度为核心的社会救助体系,实现城乡社会救助统筹发展。把进城落户农民完全纳入城镇住房保障体系,采取多种方式保障农业转移人口基本住房需求。

3. 加强基本公共服务财力保障

全面落实支持农业转移人口市民化的财政政策,推动城镇建设用地增加规模与吸纳农业转移人口落户数量挂钩,推动中央预算内投资安排向吸纳农业转移人口落户数量较多的城镇倾斜。

二、深化土地管理制度改革

近年来,随着我国城镇化的推进,现行土地管理制度与农村改革发展不相适应、与进一步发展生产力的要求不相匹配的问题日益显现:土地征收制度不完善,因征地引发的社会矛盾突出;农村集体经营性建设用地不能与国有建设用地同等入市、同权同价;宅基地用益物权尚未得到完整的落实;土地增值收益分配机制不健全;土地资源要素利用效率仍然较为低下。因而,必须深化土地管理制度改革,实行最严格的耕地保护制度和集约节约用地制度,按照管住总量、严控增量、盘活存量的原则,创新土地管理制度,优化土地利用结构,提高土地利用效率,合理满足城镇化用地需求。

(一)建立城镇用地规模结构调控机制

严格控制新增城镇建设用地规模,严格执行城市用地分类与规划建设用地标准,实行增量供给与存量挖潜相结合的供地、用地政策,提高城镇建设使用存量用地比例。实行城镇建设用地增加规模与吸纳农业转移人口落户数量挂钩政策。有效控制特大城市新增建设用地规模,适度增加集约用地程度高、发展潜力大、吸纳人口多的卫星城、中小城市和县城建设用地供给。适当控制工业用地,优先安排和增加住宅用地,合理安排生态用地,保护城郊菜地和水田,统筹安排基础设施和公共服务设施用地。建立有效调节工业用地和居住用地合理比价机制,提高工业用地价格。

(二)健全节约集约用地制度

完善各类建设用地标准体系,严格执行土地使用标准,适当提高工业项目容积率、土地产出率门槛,探索实行长期租赁、先租后让、租让结合的工业用地供应制度,加强工程建设项目用地标准控制。建立健全规划统筹、政府引导、市场运作、公众参与、利益共享的城镇低效用地再开发激励约束机制,盘活利用现有城镇存量建设用地,建立存量建设用地退出激励机制,推进老城区、旧厂房、城中村的改造和保护性开发,发挥政府土地储备对盘活城镇低效用地的作用。加强农村土地综合整治,健全运行机制,规范推进城乡建设用地增减挂钩,总结推广工矿废弃地复垦利用等做法。禁止未经评估和无害化治理的污染场地进行土地流转和开发利用。完善土地租赁、转让、抵押二级市场。

(三)深化国有建设用地有偿使用制度改革

自土地使用制度改革以来,我国已形成较为完善的国有建设用地有偿使用制度体系,对落实"十分珍惜、合理利用土地和切实保护耕地"基本国策,保障城镇化、工业化发展,促进社会主义市场经济体制的建立和完善,发挥了重大作用。近年来,随着我国经济发展进入新常态,国有土地有偿使用覆盖面不到位、制度不健全等问题逐渐凸显,市场配置资源决定性作用没有得到充分发挥。要立足基本国情和发展阶段,坚持和完善国有土地全民所有制,坚持和完善国有土地有偿使用制度,使市场在资源配置中起决定性作用和更好发挥政府作用，进一步深化国有土地使用和管理制度改革，扩大国有土地有偿使用范围，促进国有土地资源全面节约集约利用，更好地支撑和保障经济社会持续健康发展。

1. 扩大国有建设用地有偿使用范围

（1）完善公共服务项目用地政策。根据投融资体制改革要求，对可以使用划拨土地的能源、环境保护、保障性安居工程、养老、教育、文化、体育及供水、燃气供应、供热设施等项目，除可按划拨方式供应土地外，鼓励以出让、租赁方式供应土地，支持市、县政府以国有建设用地使用权作价出资或者入股的方式提供土地，与社会资本共同投资建设。市、县政府应依据当地土地取得成本、市场供需、产业政策和其他用途基准地价等，制定公共服务项目基准地价，依法评估并合理确定出让底价。公共服务项目用地出让、租赁应遵循公平合理原则，不得设置不合理的供应条件，只有一个用地意向者的，可以协议方式供应。国有建设用地使用权作价出资或者入股的使用年限，应与政府和社会资本合作期限相一致，但不得超过对应用途土地使用权出让法定最高年限。加快修订《划拨用地目录》，缩小划拨用地范围。

（2）完善国有企事业单位改制建设用地资产处置政策。事业单位等改制为企业的，其使用的原划拨建设用地，改制后不符合划拨用地法定范围的，应按有偿使用方式进行土地资产处置，符合划拨用地法定范围的，可继续以划拨方式使用，也可依申请按有偿使用方式进行土地资产处置。上述单位改制土地资产划转的权限和程序按照分类推进事业单位改革国有资产处置的相关规定办理；土地资产处置的权限和程序参照国有企业改制土地资产处置相关规定办理。政府机构、事业单位和国有独资企业之间划转国有建设用地使用权，划转后符合《划拨用地目录》保留划拨方式使用的，可直接办理土地转移登记手续；需有偿使用的，划入方应持相关土地资产划转批准文件等，先办理有偿用地手续，再一并办理土地转移登记和变更登记手续。

2. 规范推进国有农用地使用制度改革

（1）加强国有农用地确权登记工作。以承包经营以外的合法方式使用国有农用地的国有农场、草场以及使用国家所有的水域、滩涂等农用地进行农业生产，申请国有农用地使用权登记的，可按相关批准用地文件，根据权利取得方式的不同，明确处置方式，参照《不动产登记暂行条例实施细则》有关规定，分别办理国有农用地划拨、出让、租赁、作价出资或者入股、授权经营使用权登记手续。

（2）规范国有农用地使用管理。使用国有农用地不得擅自改变土地用途，耕地、林地、草地等农业用途之间相互转换的，应依法依规进行，具体管理办法由国务院相关部门共同制定。国有农用地的有偿使用，严格限定在农垦改革的范围内。农垦企业改革改制中涉及的国有农用地，国家以划拨方式处置的，使用权人可以承包租赁；国家以出让、作价出资或者入股、授权经营方式处置的，考虑农业生产经营特点，合理确定使用年限，最高使用年限不得超过 50 年，在使用期限内，使用权人可以承包租赁、转让、出租、抵押。国家以租赁方式处置的，使用权人可以再出租。按照严格保护为主的原则，依法规范国有林地使用管理。改变国有农用地权属及农业用途之间相互转换的，应当办理不动产登记手续。

（3）明确国有农场、牧场改革国有农用地资产处置政策。国有农场、牧场改制，应由改制单位提出改制方案，按资产隶属关系向主管部门提出申请，主管部门提出明确意见并征求同级国土资源、发展改革、财政等相关部门意见后，报同级政府批准。对属于省级以上政府批准实行国有资产授权经营的国有独资企业或公司的国有农场、国有牧场等，其涉及国有农用地需以作价出资或者入股、授权经营及划拨方式处置的，由同级国土资源主管部门根据政府批准文件进行土地资产处置。改制单位涉及土地已实行有偿使用或需转为出让或租赁土地使用权的，直接到土地所在地市、县国土资源主管部门申请办理变更登记或有偿用地手续。

（4）完善国有农用地土地等级价体系。开展基于土地调查的农用地等别调查评价与监测工作，定期更新草地、耕地等农用地土地等别数据库。完善农用地定级和估价规程，部署开展农用地定级试点，稳步推进农用地基准地价制定和发布工作，及时反映农用地价格变化。加强农用地价格评估与管理，显化维护国有农用地资产。

3. 严格国有土地开发利用和供应管理

（1）严格生态用地保护。按照有度有序利用自然、调整优化空间结构的原则，严格管控土地资源开发利用，促进人与自然和谐共生。对国家相关法律法规和规划明确禁止开发的区域，严禁以任何名义和方式供应国有土地，用于与保护无关的建设项目。

（2）规范国有土地使用权作价出资或者入股、授权经营管理。作价出资或者入股土地使用权实行与出让土地使用权同权同价管理制度，依据不动产登记确认权属，可以转让、出租、抵押。国有企事业单位改制以作价出资或者入股、授权经营方式处置的国有建设用地，依据法律法规改变用途、容积率等规划条件的，应按相关规定调整补交出让金。

（3）改革完善国有建设用地供应方式。地方政府可依据国家产业政策，对工业用地采取先行以租赁方式提供用地，承租方投资工业项目达到约定条件后再转为出让的先租后让供应方式，或部分用地保持租赁、部分用地转为出让的租让结合供应方式。各地可根据实际情况，实行工业用地弹性年期出让政策。支持各地以土地使用权作价出资或者入股方式供应标准厂房、科技孵化器用地，为小型微型企业提供经营场所，促进大众创业、万众创新。

4. 推进农村土地管理制度改革

全面完成农村土地确权登记颁证工作，依法维护农民土地承包经营权。在坚持和完善最严格的耕地保护制度前提下，赋予农民对承包地占有、使用、收益、流转及承包经营权抵押、担保权能。保障农户宅基地用益物权，改革完善农村宅基地制度，在试点基础上慎重稳妥推进农民住房财产权抵押、担保、转让，严格执行宅基地使用标准，严格禁止一户多宅。在符合规划和用途管制前提下，允许农村集体经营性建设用地出让、租赁、入股，实行与国有土地同等入市、同权同价。县级土地利用总体规划、乡（镇）土地利用总体规划确定为工业、商业等经营性用途，并经依法登记的集体建设用地，土地所有权人可以通过出让、出租等方式交由单位或者个人使用，并应当签订书面合同，明确用地供应、动工期限、使用期限、规划用途和双方其他权利义务。按照法律规定取得的集体建设用地使用权可以转让、互换、出资、赠予或者抵押。建立农村产权流转交易市场，推动农村产权流转交易公开、公正、规范运行。允许农村集体在农民自愿前提下，依法把有偿收回的闲置宅基地、废弃的集体公益性建设用地转变为集体经营性建设用地入市。健全集体经济组织内部的增值收益分配制度，保障进城落户农民土地合法权益。

专栏 7—1

内江市市中区探索农村土地退出"三换模式"

内江市市中区是全国第二批农村改革试验区，承担着土地承包经营权退出等试点任务。试点以来，市中区坚持"农民自愿、风险可控、权益保障、土地利用"的原则，在土地规模化退出和补偿金市场化上大胆探索，初步形成退地换现金、换股份、换社保的"三换模式"。截至2018年6月，已有3249户农户退出土地6005.28亩，实现了农村土地资源集约高效利用，促进了农民持续增收和集体经济发展壮大。

一、退出承包地"换现金"

龙门镇、朝阳镇探索退出承包地给予一次性现金补偿的"退地换现"模式。其流程及具体办法为：按照农户申请、村民小组核实、村委会复核、乡镇批准、区农林局备案的实施程序，对永久性退出的，把农民自愿申请、权属明晰、家庭成员意见一致,有稳定就业、有固定住房、不依赖土地为生作为永久退出的基本条件,参照当地500元/亩·年的土地流转价格,采取"村民自治,自主协商"的办法,按照土地流转价格的2倍,以30年计算,给予3万元/亩的一次性补偿。对长期退出(二轮土地承包期内退出)的,按照850元/亩·年的标准×14年(二轮土地承包剩余年限),给予1.2万元的一次性补偿,补偿款共80余万元全部暂由区财政借支给村集体,保留退地村民的选举权、宅基地使用权和集体资产收益分配权。截至2018年6月,龙门镇、朝阳镇永久退出土地30.3亩、长期退出55亩、流转土地700余亩,由村集体经济组织引进专业大户发展藤椒规模种植和乡村旅游。

二、退出承包地"换股份"

永安镇大庄村、七里冲村等探索农户将土地承包经营权退还村集体,退出土地承包经营权所得的补偿金直接入股村集体经济股份合作社的"退地换股"模式。具体方式为:农户将土地承包经营权退还村集体,村集体以土地流转市场价格×退出年限,并将此款折算为该农户在集体经济组织中的股份,每年实行保底分红,保留农户征地拆迁收益权及集体经营失败后土地再承包权,保障了农民基本土地权益。截至2018年6月,已退地换股份共5900亩,村集体经济组织将退还的土地,通过集中、整理后,流转给农业发展公司建设川南大草原农旅休闲等项目,退地农户每户每年仅保底分红预计在1700元左右,比原来独户经营提高300元以上,此举既推进了退出补偿金市场化,还推进了退出土地的规模化经营。

三、退出承包地"换保障"

永安镇下元村把农村改革、脱贫攻坚和解决农村特殊群体保障相结合,针对农村建档立卡贫困户、低保户、60岁以上人员,自愿退出承包经营权的,参照城乡居民养老保险办法,建立特殊群体养老保障制度,实现土地退出换取社会保障。具体方式为:对所有在册户籍人员因病因残因老丧失劳动力,并自愿永久退出家庭承包经营权参加退地养老保险的,村集体经济组织按原始土地划分时的人地关系确定参保人员和补偿标准。退出土地的参保人员按每人每份 2 万元标准给予补偿,用于参加退地养老保险,区政府为每位参保人员个人账户补助 5000 元。参保人员年满 60 岁每月领取养老金 180 元,直至终身;未满 60 岁的可申请领取退地换保困难救助金每月 100 元,直至年满 60 岁领取退地养老金。下元村已退出 12 户 38 亩。

内江市市中区土地承包经营权退出"三换模式",取得了明显的经济效益和社会效益。一是较好解决了进城务工农民的后顾之忧。通过多种补偿方式,不仅有效保障了农民承包土地收益权,使他们能够在城镇安居乐业,促进其有效融入城镇,同时也间接推进了新型城镇化的发展。二是较好解决了土地资源优化配置问题。通过资源的重新组合、配置,为各类专业合作组织、家庭农场等推进农业适度规模经营奠定了基础。所退出的土地均得到了有效利用,生态种养、农旅休闲等各具特色的新型业态不断涌现。三是较好解决了集体经济发展中资源分散的问题。通过有效整合农村资源尤其是土地资源,相对集中了"撂荒"土地,为集约化、规模化发展种养业和壮大集体经济组织资源性资产奠定了基础。四是较好解决了推进现代农业发展中各类纠纷。通过土地退还村集体统一经营管理,有效地避免了少数村民契约精神不强、信用意识不足而引起的土地流转纠纷等问题,激发了各类市场主体推进农村适度规模经营的信心,加速了丘陵地区现代农业的有序发展。

资料来源:《内江市市中区探索出农村土地退出"三换模式"》,人民网,2018 年 9 月 3 日。

5. 深化征地制度改革

缩小征地范围,规范征地程序,完善对被征地农民合理、规范、多元保障机制。明确需征收农民集体所有土地情形:军事和外交需要用地的;由政府组织实施的能源、交通、水利、通信、邮政等基础设施建设需要用地的；由政府组织实施的科技、教育、文化、卫生、体育、生态环境和资源保护、防灾减灾、文物保护、社区综合服务设施建设、社会福利、市政公用、优抚安置、英烈褒扬等公共事业需要用地的；由政府组织实施的保障性安居工程建设需要用地的；由政府在土地利用总体规划确定的城镇建设用地范围内组织实施成片开发建设需要用地的；法律规定可以征收农民集体所有土地的其他情形。市、县人民政府拟申请征收土地的，应当开展拟征收土地现状调查和社会稳定风险评估，并将征收范围、土地现状、征收目的、补偿标准、安置方式和社会保障等在拟征收土地所在的乡（镇）和村、村民小组范围内进行公告，听取被征地的农村集体经济组织及其成员、村民委员会和其他利害关系人的意见。拟征收土地的所有权人、使用权人应当在公告规定期限内，持土地权属证书办理补偿登记。市、县人民政府应当组织有关部门与拟征收土地的所有权人、使用权人就补偿安置等签订协议，测算并落实有关费用，保证足额到位；个别确实难以达成协议的，应当在申请征收土地时如实说明。相关前期工作完成后，市、县人民政府方可申请征收土地。

建立兼顾国家、集体、个人的土地增值收益分配机制，合理提高个人收益，保障被征地农民长远发展生计。征收土地应当给予公平、合理的补偿，保障被征地农民原有生活水平不降低、长远生计有保障。征收土地应当依法及时足额支付土地补偿费、安置补助费以及农村村民住宅、地上附着物和青苗等的补偿费用，并安排被征地农民的社会保障费用。征收农用地的土地补偿费、安置补助费标准由省、自治区、直辖市制订公布区片综合地价确定。制定区片综合地价应当综合考虑土地原用途、土地资源条件、土地产值、安置人口、区位、供求关系以及经济社会发展水平等因素，并根据社会、经济发展水平适时调整。征收农村村民住宅的，应当按照先补偿后搬迁、居住条件有改善的原则，尊重农村村民意愿，采取重新安排宅基地建房、提供安置房或者货币补偿等方式给予公平合理补偿，保障其居住权和农村村民合法的住房财产权益。市、县人民政府应当将被征地农民纳入相应的养老等社会保障体系。被征地农民的社会保障费用主要用于符合条件的被征地农民的养老保险等社会保险缴费补贴。

6. 强化耕地保护制度

落实国土空间开发保护要求，严格土地用途管制，统筹耕地数量管控和质量、生态管护，完善耕地占补平衡制度，占用耕地与开发复垦耕地数量平衡、质量相当。建立健全耕地保护激励约束机制。落实地方各级政府耕地保护责任目标考核制度，建立健全耕地保护共同责任机制；加强基本农田管理，完善基本农田永久保护长效机制，强化耕地占补平衡和土地整理复垦监管。要求永久基本农田应当落实到地块，设立保护标志，纳入国家永久基本农田数据库严格管理，并由乡（镇）人民政府将其位置、范围向社会公告。永久基本农田经依法划定后，任何单位和个人不得擅自占用或者改变其用途。国家能源、交通、水利、军事设施等重点建设项目选址确实难以避让永久基本农田，涉及农用地转用或者土地征收的，必须经国务院批准。禁止通过擅自调整县级土地利用总体规划、乡（镇）土地利用总体规划的方式规避永久基本农田农用地转用或者土地征收的审批。

三、创新城镇化资金保障机制

习近平总书记于2015年2月10日主持召开中央财经领导小组第九次会议时强调，城镇化是一个自然历史过程，涉及面很广，要积极稳妥推进，越是复杂的工作越要抓到点子上，突破一点，带动全局。他还指出，城乡公共基础设施投资潜力巨大，要加快改革和创新投融资体制机制。

建立城市建设投融资机制，推进城市建设管理创新。推进城镇化，包括城市基础设施建设和基本公共服务供给等，都需要大量资金。据中国社会科学院研究，目前我国农业转移人口市民化的人均公共成本，即政府为保障农业转移人口市民化而在各项公共服务、社会保障、基础设施新扩建等方面所需增加的财政支出人均约为13万元，2030年前还要将近4亿农民市民化。很显然，这样庞大数量的资金需求，仅靠政府财政是满足不了的，必须建立规范透明的城市建设投融资机制。要允许地方政府通过发债等多种方式拓宽城市建设融资渠道，允许社会资本通过特许经营等方式参与城市基础设施投资和运营，研究建立城市基础设施、住宅政策性金融机构，为城镇化发展筹措必需的资金。要加快财税体制和投融资机制改革，创新金融服务，放开市场准入，逐步建立多元化、可持续的城镇化资金保障机制。

（一）完善财政转移支付制度

充分发挥中央统一领导、地方组织落实的制度优势，按照加快建立现代财政制度，建立权责清晰、财力协调、区域均衡的中央和地方财政关系的要求，遵循相关法律法规规定，科学界定中央与地方权责，确定基本公共服务领域共同财政事权范围，制定基本公共服务保障国家基础标准，规范中央与地方支出责任分担方式，加大基本公共服务投入，加快推进基本公共服务均等化，织密扎牢民生保障网，不断满足人民日益增长的美好生活需要。通过基本公共服务领域中央与地方共同财政事权和支出责任划分改革，逐步建立起权责清晰、财力协调、标准合理、保障有力的基本公共服务制度体系和保障机制。

1. 明确基本公共服务领域中央与地方共同财政事权范围

根据《国务院关于推进中央与地方财政事权和支出责任划分改革的指导意见》（以下简称《指导意见》），结合国务院关于印发《"十三五"推进基本公共服务均等化规划》的通知（以下简称《规划》），将涉及人民群众基本生活和发展需要、现有管理体制和政策比较清晰、由中央与地方共同承担支出责任、以人员或家庭为补助对象或分配依据、需要优先和重点保障的主要基本公共服务事项，首先纳入中央与地方共同财政事权范围，目前暂定为八大类18项：一是义务教育，包括公用经费保障、免费提供教科书、家庭经济困难学生生活补助、贫困地区学生营养膳食补助4项；二是学生资助，包括中等职业教育国家助学金、中等职业教育免学费补助、普通高中教育国家助学金、普通高中教育免学杂费补助4项；三是基本就业服务，包括基本公共就业服务1项；四是基本养老保险，包括城乡居民基本养老保险补助1项；五是基本医疗保障，包括城乡居民基本医疗保险补助、医疗救助2项；六是基本卫生计生，包括基本公共卫生服务、计划生育扶助保障2项；七是基本生活救助，包括困难群众救助、受灾人员救助、残疾人服务3项；八是基本住房保障，包括城乡保障性安居工程1项。

已在《指导意见》和《规划》中明确但暂未纳入上述范围的基本公共文化服务等事项，在分领域中央与地方财政事权和支出责任划分改革中，根据事权属性分别明确为中央财政事权、地方财政事权或中央与地方共同财政事权。基本公共服务领域共同财政事权范围，随着经济社会发展和相关领域管理体制改革相应进行调整。

2. 制定基本公共服务保障国家基础标准

国家基础标准由中央制定和调整，要保障人民群众基本生活和发展需要，兼顾财力可能，并根据经济社会发展逐步提高，所需资金按中央确定的支出责任分担方式负担。参照现行财政保障或中央补助标准，制定义务教育公用经费保障、免费提供教科书、家庭经济困难学生生活补助、贫困地区学生营养膳食补助、中等职业教育国家助学金、城乡居民基本养老保险补助、城乡居民基本医疗保险补助、基本公共卫生服务、计划生育扶助保障9项基本公共服务保障的国家基础标准。地方在确保国家基础标准落实到位的前提下，因地制宜制定高于国家基础标准的地区标准，应事先按程序报上级备案后执行，高出部分所需资金自行负担。对困难群众救助等其余 9 项不易或暂不具备条件制定国家基础标准的事项,地方可结合实际制定地区标准,待具备条件后,由中央制定国家基础标准。

3. 规范基本公共服务领域中央与地方共同财政事权的支出责任分担方式

根据地区经济社会发展总体格局、各项基本公共服务的不同属性以及财力实际状况,基本公共服务领域中央与地方共同财政事权的支出责任主要实行中央与地方按比例分担,并保持基本稳定。具体明确和规范如下:

第一,中等职业教育国家助学金、中等职业教育免学费补助、普通高中教育国家助学金、普通高中教育免学杂费补助、城乡居民基本医疗保险补助、基本公共卫生服务、计划生育扶助保障 7 个事项,实行中央分档分担办法:第一档包括内蒙古、广西、重庆、四川、贵州、云南、西藏、陕西、甘肃、青海、宁夏、新疆 12 个省(区、市),中央分担 80%;第二档包括河北、山西、吉林、黑龙江、安徽、江西、河南、湖北、湖南、海南 10 个省,中央分担 60%;第三档包括辽宁、福建、山东 3 个省,中央分担 50%;第四档包括天津、江苏、浙江、广东 4 个省(市)和大连、宁波、厦门、青岛、深圳 5 个计划单列市,中央分担 30%;第五档包括北京、上海 2 个直辖市,中央分担 10%。按照保持现有中央与地方财力格局总体稳定的原则,上述分担比例调整涉及的中央与地方支出基数划转,按预算管理有关规定办理。

第二,义务教育公用经费保障等 6 个按比例分担、按项目分担或按标准定额补助的事项,暂按现行政策执行,具体如下:义务教育公用经费保障,中央与地方按比例分担支出责任,第一档为 8:2,第二档为 6:4,其他为 5:5。家庭经济困难学生生活补助,中央与地方按比例分担支出责任,各地区均为 5:5,对人口较少民族寄宿生增加安排生活补助所需经费,由中央财政承担。城乡居民基本养老保险补助,中央确定的基础养老金标准部分，中央与地方按比例分担支出责任，中央对第一档和第二档承担全部支出责任，其他为 5∶5。免费提供教科书、免费提供国家规定课程教科书和免费为小学一年级新生提供正版学生字典所需经费，由中央财政承担；免费提供地方课程教科书所需经费，由地方财政承担。贫困地区学生营养膳食补助，国家试点所需经费，由中央财政承担；地方试点所需经费，由地方财政统筹安排，中央财政给予生均定额奖补。受灾人员救助，对遭受重特大自然灾害的省份，中央财政按规定的补助标准给予适当补助，灾害救助所需其余资金由地方财政承担。

第三，基本公共就业服务、医疗救助、困难群众救助、残疾人服务、城乡保障性安居工程 5 个事项，中央分担比例主要依据地方财力状况、保障对象数量等因素确定。

对上述共同财政事权支出责任地方承担部分，由地方通过自有财力和中央转移支付统筹安排。中央加大均衡性转移支付力度，促进地区间财力均衡。

4. 调整完善转移支付制度

在一般性转移支付下设立共同财政事权分类分档转移支付，原则上将改革前一般性转移支付和专项转移支付安排的基本公共服务领域共同财政事权事项，统一纳入共同财政事权分类分档转移支付，完整反映和切实履行中央承担的基本公共服务领域共同财政事权的支出责任。

5. 推进省以下支出责任划分改革

中央财政要加强对省以下共同财政事权和支出责任划分改革的指导。对地方承担的基本公共服务领域共同财政事权的支出责任，省级政府要考虑本地区实际，根据各项基本公共服务事项的重要性、受益范围和均等化程度等因素，结合省以下财政体制，合理划分省以下各级政府的支出责任，加强省级统筹，适当增加和上移省级支出责任。县级政府要将自有财力和上级转移支付优先用于基本公共服务，承担提供基本公共服务的组织落实责任；上级政府要通过调整收入划分、加大转移支付力度，增强县级政府基本公共服务保障能力。

（二）建立规范透明的城市建设投融资机制

城市建设资金供求矛盾是制约我国城市经济社会发展的重要问题。当前，随着对城市基础设施需求的日益扩大，建立在高度集权的计划经济体制基础上的，以政府财力直接投入为主导，行政配置资源为主体的城市建设投融资体制，已无法适应城市化进程的需要，迫切需要进行城市基础设施投融资体制改革，打破公用行业市场垄断，开放城市基础设施市场，进一步发挥市场配置资源的基础性作用，推行以市场化为取向的体制改革和机制创新，最终建立政府融资平台化、公用事业民营化、投资主体多元化、企业投资主体化、运营主体企业化、融资渠道市场化的新型投融资体制。

1. 规范地方政府投融资平台

加强对政府投融资平台和地方债务的管理，防范财政风险。

第一，重新定位，加快重组。由国家制定统一标准，将地方政府投融资平台严格限制在一定的领域，例如，基础设施建设领域。在此基础上，对地方政府平台进行重组。严格遵守市场经济原则，凡是能由民营企业做的事情，就尽量交给民营企业做。只有那些民营企业做不了、做不好的事情，才由地方政府投融资平台承担。理顺市政公用产品和服务价格形成机制，放宽准入，完善监管，制定非公有制企业进入特许经营领域的办法，鼓励社会资本参与城市公用设施投资运营。筛选具备投资回报预期的优质项目并建立吸引民间投资项目库，集中向民间资本推介。

第二，做实资本金，限制负债率。首先对地方政府投融资平台的资本金状况做检查，要求其把资本金限期做实。地方平台的负债率应与地方政府的财政状况适当挂钩。

第三，提高地方政府投融资平台的透明度。改变当前地方政府通过投融资平台形成的负债信息不透明的状况，建立政府投融资平台负债及时公开制度，要求平台披露的信息范围包括资本金、负债规模、承担建设项目的基本情况、项目担保和贷款资金使用情况等，便于投资者和社会公众监督。

第四，推动地方政府投融资平台融资行为的市场化机制。全面推进地方融资平台公司市场化转型，打造竞争力强的地方基础设施和公共服务投资运营主体。在完善法律法规和健全地方政府债务管理制度基础上，建立健全地方债券发行管理制度和评级制度，允许地方政府发行市政债券，拓宽城市建设融资渠道。

2. 促进城市投融资多元化发展

第一，统筹安排财政资金投入、政府投资、地方政府债券发行，加大对符合规划和产业政策的城市补短板项目的支持力度。大力盘活存量优质资产，回收资金补充地方财力。

第二，根据不同项目的特点，采取不同的融资主体或者项目管理主体，有效划分资产边界，结合多元化的投资主体，扩展融资方式。鼓励公共基金、保险资金等参与项目自身具有稳定收益的城市基础设施项目建设和运营。

（三）创新金融服务和产品，多渠道推动股权融资，提高直接融资比重

发挥现有政策性金融机构的重要作用，研究制定政策性金融专项支持政策，研究建立城市基础设施、住宅政策性金融机构，为城市基础设施和保障性安居工程建设提供规范透明、成本合理、期限匹配的融资服务。支持发行有利于住房租赁产业发展的房地产投资信托基金等金融产品。

四、完善生态环境保护制度体系和机制

良好生态环境是实现中华民族永续发展的内在要求，是增进民生福祉的优先领域。要完善推动城镇化绿色循环低碳发展的体制机制，实行最严格的生态环境保护制度，形成节约资源和保护环境的空间格局、产业结构、生产方式和生活方式。

（一）完善和加强生态环境保护制度

1. 建立生态文明考核评价机制

把资源消耗、环境损害、生态效益纳入城镇化发展评价体系，完善体现生态文明要求的目标体系、考核办法、奖惩机制。对限制开发区域和生态脆弱的国家扶贫开发工作重点县取消地区生产总值考核。

2. 建立国土空间开发保护制度

建立空间规划体系，坚定不移实施主体功能区制度，划定生态保护红线，严格按照主体功能区定位推动发展，加快完善城镇化地区、农产品主产区、重点生态功能区空间开发管控制度，建立资源环境承载能力监测预警机制。强化水资源开发利用控制、用水效率控制、水功能区限制纳污管理。对不同主体功能区实行差别化财政、投资、产业、土地、人口、环境、考核等政策。

3. 实行资源有偿使用制度和生态补偿制度

加快自然资源及其产品价格改革，全面反映市场供求、资源稀缺程度、生态环境损害成本和修复效益。建立健全居民生活用电、用水、用气等阶梯价格制度。制定并完善生态补偿方面的政策法规，切实加大生态补偿投入力度，扩大生态补偿范围，提高生态补偿标准。

4. 建立资源环境产权交易机制

发展环保市场，推行节能量、碳排放权、排污权、水权交易制度，

建立吸引社会资本投入生态环境保护的市场化机制,推行环境污染第三方治理。

5. 实行最严格的环境监管制度

党的十八大以来,以习近平同志为核心的党中央把生态文明建设作为统筹推进"五位一体"总体布局和协调推进"四个全面"战略布局的重要内容,谋划开展了一系列根本性、长远性、开创性工作,推动生态文明建设和生态环境保护从实践到认识发生了历史性、转折性、全局性变化。进入新时代,解决人民日益增长的美好生活需要和不平衡不充分的发展之间的矛盾对生态环境保护提出许多新要求。当前,生态文明建设正处于压力叠加、负重前行的关键期,已进入提供更多优质生态产品以满足人民日益增长的优美生态环境需要的攻坚期,也到了有条件有能力解决突出生态环境问题的窗口期。必须加大力度、加快治理、加紧攻坚,打好标志性的重大战役,为人民创造良好生产生活环境。要深化生态环境保护管理体制改革,完善生态环境管理制度,加快构建生态环境治理体系,健全保障举措,增强系统性和完整性,大幅提升治理能力。

建立和完善严格监管所有污染物排放的环境保护管理制度,独立进行环境监管和行政执法。完善污染物排放许可制,实行企事业单位污染物排放总量制度。加大环境执法力度,严格环境影响评价制度,加强突发环境事件应急能力建设,完善以预防为主的环境风险管理制度。对造成生态环境损害的责任者严格实行赔偿制度,依法追究刑事责任。建立陆海统筹的生态系统保护修复和污染防治区域联动机制,开展环境污染强制责任保险试点。

6. 完善生态环境监管体系

整合分散的生态环境保护职责,强化生态保护修复和污染防治统一监管,建立健全生态环境保护领导和管理体制、激励约束并举的制度体系、政府企业公众共治体系。全面完成省以下生态环境机构监测监察执

以人为核心的新型城镇化

法垂直管理制度改革,推进综合执法队伍特别是基层队伍的能力建设。完善农村环境治理体制。健全区域流域海域生态环境管理体制,推进跨地区环保机构试点,加快组建流域环境监管执法机构,按海域设置监管机构。建立独立权威高效的生态环境监测体系,构建天地一体化的生态环境监测网络,实现国家和区域生态环境质量预报预警和质控,按照适度上收生态环境质量监测事权的要求加快推进有关工作。省级党委和政府加快确定生态保护红线、环境质量底线、资源利用上线,制定生态环境准入清单,在地方立法、政策制定、规划编制、执法监管中不得变通突破、降低标准,不符合不衔接不适应的于2020年底前完成调整。实施生态环境统一监管。推行生态环境损害赔偿制度。编制生态环境保护规划,开展全国生态环境状况评估,建立生态环境保护综合监控平台。推动生态文明示范创建、绿水青山就是金山银山实践创新基地建设活动。

严格生态环境质量管理。生态环境质量只能更好、不能变坏。加快推行排污许可制度,对固定污染源实施全过程管理和多污染物协同控制,按行业、地区、时限核发排污许可证,全面落实企业治污责任,强化证后监管和处罚。健全环保信用评价、信息强制性披露、严惩重罚等制度。将企业环境信用信息纳入全国信用信息共享平台和国家企业信用信息公示系统,依法通过"信用中国"网站和国家企业信用信息公示系统向社会公示。监督上市公司、发债企业等市场主体全面、及时、准确地披露环境信息。建立跨部门联合奖惩机制。完善国家核安全工作协调机制,强化对核安全工作的统筹。

专栏7—2

从GDP到GEP:"绿水青山就是金山银山"的浙江样本

浙江省丽水市位于该省西南部,境内"九山半水半分田",自然资源丰富，生态环境优越，被誉为"浙江绿谷"。曾经，丽水是落后、贫穷的代名词，经济社会发展一直处于全省"垫底"水平，交通不便、信息不灵、思想不活，生态优势无法转换成经济发展优势，"守着金山要饭吃"。

一、"两山"理论为丽水指明了方向

丽水绿水青山资源得天独厚，山是江浙之巅，水是六江之源。长三角最高的山在丽水，最清的水在丽水，最好的空气在丽水，瓯江、钱塘江、闽江、飞云江、灵江和福安江的源头都在丽水。2002年，习近平第一次来到丽水，就由衷赞叹道："秀山丽水、天生丽质"。这便是丽水践行"两山"理论、走高质量绿色发展之路的资本。

习近平在浙江工作期间，先后8次深入丽水调研，每次都十分强调生态文明建设。他指出"资源优势就是无价之宝""欠发达地区最大的资源就是生态资源""任何时候都要看得远一点，生态的优势不能丢""一定要走生态绿色可持续发展道路"……2006年，时任浙江省委书记的习近平第七次到丽水市调研，寄予"绿水青山就是金山银山，对丽水来说尤为如此"的重要嘱托。

理念决定思路、思路决定出路。一句"尤为如此"，让"两山"理论重要思想根植丽水大地，融入丽水人民血液之中。丽水的历届市委、市政府牢记总书记的谆谆嘱托，坚持走绿色发展道路，打造出"秀山丽水、养生福地、长寿之乡"。

二、从GDP到GEP，让丽水实现跨越式发展

为了保护绿水青山，守护"金饭碗"，丽水以壮士断腕的决心和勇气，关停多个高污染、高耗能的工业项目，让本就不发达的丽水地区又少了一张经济成绩单。在经济发展和环境保护的十字路口，丽水坚持不以牺牲环境求发展。

2013年，浙江省委、省政府根据主体功能区定位，对丽水作出"不考核GDP和工业总产值"决定，考核导向由注重经济总量、增长速

度，转变为注重发展质量、生态环境和民生改善。摆脱GDP指标束缚的丽水，更加坚定了走高质量绿色发展之路的决心，遵循"八八战略"蕴含的优势论，积极探索生态产品价值实现路径，用绿水青山这个突出优势打造"金饭碗"。

不考核GDP，不等于放弃GDP，而是追求"绿色GDP"。丽水市充分考虑资源禀赋、功能布局、发展水平和工作特色，制定推行了促进绿色生态发展的全新考核办法，构建形成生态系统生产总值（GEP）新体系，2018年7月，丽水市发布《丽水市生态系统生产总值（GEP）和生态资产核算研究报告》。

生态系统生产总值（GEP）是指一定区域生态系统为人类福祉和经济社会可持续发展提供的最终产品与服务价值的总和，包括物质产品价值、调节服务价值和文化服务价值。

丽水市GEP核算涉及15个核算指标，25个核算科目。在考核机制上，丽水因地制宜，个性化制定了各地的考核标准。比如，9县（市、区）中的龙泉、遂昌、松阳、云和、庆元和景宁，取消GDP考核和工业考核；莲都作为城市核心区，兼顾城市建设、城乡统筹和经济社会发展；缙云、青田为生态经济区，被要求生态经济发展和生态保护并重。

丽水市2019年的政府工作报告中提出，要建立健全GDP和GEP双核算、双评估、双考核工作机制。从考核GDP到核算GEP，折射出发展理念之变。绿水青山不仅是作为优美环境的存在，同时也是宝贵的发展优势、稀缺的发展资源。通过加强生态环境保护，投资生态资产建设，提升生态产品与服务的供给能力。生态资产存量持续增加，生态系统生产总值显著增长。实现了GDP与GEP的双增长、经济社会与生态环境的协调发展。据中国科学院生态环境研究中心的报告，2017年丽水市生态系统生产总值（GEP）为4672.89亿元，远超当地当年1298.20亿元的GDP总额。2006—2018年，丽水市地区生产总值由

353.23亿元增长至1394.67亿元，增长了3.9倍。

三、从"丽水三山"透视丽水成绩单

"两山"理念的核心思想是加快高质量绿色发展，GDP反映的就是金山银山的价值总量，GEP反映的就是绿水青山的价值总量。多年来，丽水牢固树立"抓好GEP同样是为了GDP，抓出GDP才有更好GEP"的价值评判标准，推动生态经济化、经济生态化，全力构建现代化生态经济体系，使GEP更多更好更快更直接地转化为GDP，充分释放绿水青山的经济价值，努力变生态要素为生产要素、生态价值为经济价值、生态优势为发展优势，走出具有丽水鲜明特色的高质量绿色发展之路。"丽水三山"便是丽水践行"两山"理念的漂亮答卷。

1. 丽水山耕

2014年，丽水整合景宁惠明茶、庆元香菇、遂昌菊米、处州白莲等声名远播的农产精品，创建了中国首个地级市区域公用品牌——"丽水山耕"。

"丽水山耕"由丽水市生态农业协会注册，委托国资公司丽水市农业投资发展有限公司运营，确保了"丽水山耕"既有政府背书的公信力，又有市场主体的灵活性。在"丽水山耕"品牌运营中，始终坚持"质量为王"，牢固树立"绿色、安全、健康"是品牌的生命线意识，为此，"丽水山耕"打造了全产业链的农产品服务体系，搭建了丽水生态精品农产品电子商务平台、丽水农产品质量安全溯源平台、丽水农村产权交易平台、丽水农业数据中心、丽水生态农业企业服务平台、"丽水山耕"国际认证平台、丽水农业物联网平台、丽水农资质量溯源平台等，全方位构建"丽水山耕"品牌管理系统。

2014年以来，"丽水山耕"以"基地直供、全程追溯、检测准入"为品牌宗旨，以"生态"为品牌核心，以"产品背书"为品牌定位，建立"母子品牌"运作方式，整合县域、企业农产品品牌，形成品牌矩阵，实现品牌溢价。截至2018年底，"丽水山耕"共有会员863家，建

立合作基地 1122 个，实现累计销售额 67.3 亿元，产品溢价率超过 30％，"丽水山耕"品牌评估价值达 26.6 亿元。

中国区域农业品牌研究中心对外公布"2018 中国区域农业品牌影响力排行榜"，"丽水山耕"荣登"中国区域农业形象品牌"排行榜榜首。

2. 丽水山居

对于"九山半水半分田"的丽水而言，丰富的自然资源、良好的生态环境是丽水践行"两山理论"、实现跨越式发展的最大优势。随着乡村旅游的发展，丽水利用山区的资源环境优势，大力发展民宿产业，为乡村建设注入新的发展活力和动力。2016 年，丽水发布了《关于大力发展农家乐民宿经济、促进乡村旅游转型升级发展三年行动计划（2016—2018 年）》，并制定了"让'丽水山居'成为我国山村民宿第一品牌"的发展目标。2017 年，丽水市出台了《"丽水山居"农家乐综合体和精品民宿示范项目评审认定办法（试行）》，并启动示范项目创建和申报工作，着力培育一批"丽水山居"精品民宿。

"丽水山居"是丽水市农家乐民宿区域公共品牌，是发展乡村产业、促进农民增收、助力乡村振兴的重要抓手。"丽水山居"以"真山真水""千年古村"为坐标，是丽水特色的集成和展现，其所倡导的是一种回归田园、回归山水、回归自然的生活方式，让游客在这里感受自然与乡愁的回音，享受身心的和谐与愉悦。通过创建一批"小而美""小而精""小而特"的示范项目，形成了"协会＋经营户""村＋合作社""股份制＋农户""工商资本"等经营模式，通过外引内培、外学内育、借力借智，创新农家乐民宿人才培育体系，不断提升品牌品质度，赢得市场美誉度。

2018 年，丽水全市 4000 余家农家乐民宿经营户（点）去年共接待游客 3451 万人次，实现营业总收入 41 亿元，分别同比增长 24％、33％。在全省乡村休闲旅游工作考核中，丽水已连续七年获得地级市优秀。

3. 丽水山景

2013中央城镇化工作会议提出,城镇建设要依托现有山水脉络等独特风光,让城市融入大自然,让居民望得见山、看得见水、记得住乡愁。短短几行字,为丽水美丽乡村建设指明了方向。丽水市山清水秀,风光秀丽,是长三角地区的一块"净土"。林木葱茏、溪流纵横的"丽水山景",为丽水开发以"生态·休闲·养生"为主题的乡村旅游奠定了坚实的基础。

随着一场美丽风暴的席卷,丽水大地上的2600多个乡村"村村是花园,处处有风景"。近年来,76条美丽乡村风景线、60个市级美丽乡村特色精品村的陆续建成,为丽水打造"山水古文明,丽水好风光"旅游品牌、发展全域旅游奠定了扎实基础。"小桥流水人家",青砖黛瓦,袅袅炊烟,村民围坐话家常的田园景象随处可见,星罗棋布的美丽村落串联成片,成为一张张独具个性的"美丽标签"。

以"丽水山景"为载体的乡村旅游发展,不仅让广大游客感受到了"向往的生活",更让当地百姓找到了致富的途径,带动了乡村振兴发展。2018年,丽水农村常住居民人均可支配收入达到19922元,同比增长10.2%。从增长速度看,丽水农民收入增幅连续十年位居全省第一。

四、以"丽水之干"担纲"丽水之赞"

10多年来,丽水深入践行"两山"理念,立足生态禀赋,厚植比较优势,让丽水从浙西南的落后山区,转变为高质量绿色发展的模范区,为"两山理论"的实践提供了"丽水样板"。2018年,丽水全市森林覆盖率达到81.7%,丽水生态环境状况指数连续第15年排名全省第一。为丽水建设全国生态文明示范区和"浙江大花园最美核心区"奠定了坚实的生态基础。

在2018年4月26日召开的第二次长江经济带发展座谈会上,习近平总书记充分肯定了丽水多年来坚持绿色发展所取得的成效，发出了"丽水之赞"。

浙江丽水市多年来坚持走绿色发展道路，坚定不移保护绿水青山这个"金饭碗"，努力把绿水青山蕴含的生态产品价值转化为金山银山，生态环境质量、发展进程指数、农民收入增幅多年位居全省第一，实现了生态文明建设、脱贫攻坚、乡村振兴协同推进。

资料来源：作者根据实地调研采写。

（二）健全生态环境保护经济政策体系

资金投入向污染防治攻坚战倾斜，坚持投入同攻坚任务相匹配，加大财政投入力度。逐步建立常态化、稳定的财政资金投入机制。扩大中央财政支持北方地区清洁取暖的试点城市范围，国有资本要加大对污染防治的投入。完善居民取暖用气用电定价机制和补贴政策。增加中央财政对国家重点生态功能区、生态保护红线区域等生态功能重要地区的转移支付，继续安排中央预算内投资对重点生态功能区给予支持。各省（自治区、直辖市）合理确定补偿标准，并逐步提高补偿水平。完善助力绿色产业发展的价格、财税、投资等政策。大力发展绿色信贷、绿色债券等金融产品。设立国家绿色发展基金。落实有利于资源节约和生态环境保护的价格政策，落实相关税收优惠政策。研究对从事污染防治的第三方企业比照高新技术企业实行所得税优惠政策，研究出台"散乱污"企业综合治理激励政策。推动环境污染责任保险发展，在环境高风险领域建立环境污染强制责任保险制度。推进社会化生态环境治理和保护。采用直接投资、投资补助、运营补贴等方式，规范支持政府和社会资本合作项目；对政府实施的环境绩效合同服务项目，公共财政支付水平同治理绩效挂钩。鼓励通过政府购买服务方式实施生态环境治理和保护。

（三）健全生态环境保护法治体系

依靠法治保护生态环境，增强全社会生态环境保护法治意识。加快建立绿色生产消费的法律制度和政策导向。加快制定和修改土壤污染防治、固体废物污染防治、长江生态环境保护、海洋环境保护、国家公园、湿地、生态环境监测、排污许可、资源综合利用、空间规划、碳排放权交易管理等方面的法律法规。鼓励地方在生态环境保护领域先于国家进行立法。建立生态环境保护综合执法机关、公安机关、检察机关、审判机关信息共享、案情通报、案件移送制度，完善生态环境保护领域民事、行政公益诉讼制度，加大生态环境违法犯罪行为的制裁和惩处力度。加强涉生态环境保护的司法力量建设。整合组建生态环境保护综合执法队伍，统一实行生态环境保护执法。将生态环境保护综合执法机构列入政府行政执法机构序列，推进执法规范化建设，统一着装、统一标识、统一证件、统一保障执法用车和装备。

（四）强化生态环境保护能力保障体系

增强科技支撑，开展大气污染成因与治理、水体污染控制与治理、土壤污染防治等重点领域科技攻关，实施京津冀环境综合治理重大项目，推进区域性、流域性生态环境问题研究。开展大数据应用和环境承载力监测预警。开展重点区域、流域、行业环境与健康调查，建立风险监测网络及风险评估体系。健全跨部门、跨区域环境应急协调联动机制，建立全国统一的环境应急预案电子备案系统。国家建立环境应急物资储备信息库，省、市级政府建设环境应急物资储备库，企业环境应急装备和储备物资应纳入储备体系。落实全面从严治党要求，建设规范化、标准化、专业化的生态环境保护人才队伍，打造政治强、本领高、作风硬、敢担当，特别能吃苦、特别能战斗、特别能奉献的生态环境保护铁军。按省、市、县、乡不同层级工作职责配备相应工作力量，保障履职需要，确保同生态环境保护任务相匹配。加强国际交流和履约能力建设，推进生态环境保护国际技术交流和务实合作，支撑核安全和核电共同走出去，积极推动落实2030年可持续发展议程和绿色"一带一路"建设。

（五）构建生态环境保护社会行动体系

把生态环境保护纳入国民教育体系和党政领导干部培训体系，推进国家及各地生态环境教育设施和场所建设，培育普及生态文化。健全生态环境新闻发布机制，充分发挥各类媒体作用。省、市两级要依托党报、电视台、政府网站，曝光突出环境问题，报道整改进展情况。建立政府、企业环境社会风险预防与化解机制。完善环境信息公开制度，加强重特大突发环境事件信息公开，对涉及群众切身利益的重大项目及时主动公开。强化排污者主体责任，企业应严格守法，规范自身环境行为，落实资金投入、物资保障、生态环境保护措施和应急处置主体责任。实施工业污染源全面达标排放计划。推动环保社会组织和志愿者队伍规范健康发展，引导环保社会组织依法开展生态环境保护公益诉讼等活动。完善公众监督、举报反馈机制，保护举报人的合法权益，鼓励设立有奖举报基金。

（六）落实党政主体责任

落实领导干部生态文明建设责任制，严格实行党政同责、一岗双责。地方各级党委和政府必须坚决扛起生态文明建设和生态环境保护的政治责任，对本行政区域的生态环境保护工作及生态环境质量负总责，主要负责人是本行政区域生态环境保护第一责任人，至少每季度研究一次生态环境保护工作，其他有关领导成员在职责范围内承担相应责任。各地要制定责任清单，把任务分解落实到有关部门。抓紧出台中央和国家机关相关部门生态环境保护责任清单。各相关部门要履行好生态环境保护职责，制定生态环境保护年度工作计划和措施。各地区各部门落实情况每年向党中央、国务院报告。

健全环境保护督察机制。完善中央和省级环境保护督察体系，制定环境保护督察工作规定，以解决突出生态环境问题、改善生态环境质量、推动高质量发展为重点，夯实生态文明建设和生态环境保护政治责任，推动环境保护督察向纵深发展。完善督查、交办、巡查、约谈、专项督察机制，开展重点区域、重点领域、重点行业专项督察。

（七）强化考核问责

制定对省（自治区、直辖市）党委、人大、政府以及中央和国家机关有关部门污染防治攻坚战成效考核办法，对生态环境保护立法执法情况、年度工作目标任务完成情况、生态环境质量状况、资金投入使用情况、公众满意程度等相关方面开展考核。各地参照制定考核实施细则。开展领导干部自然资源资产离任审计。考核结果作为领导班子和领导干部综合考核评价、奖惩任免的重要依据。

严格责任追究。对省（自治区、直辖市）党委和政府以及负有生态环境保护责任的中央和国家机关有关部门贯彻落实党中央、国务院决策部署不坚决不彻底、生态文明建设和生态环境保护责任制执行不到位、污染防治攻坚任务完成严重滞后、区域生态环境问题突出的，约谈主要负责人，同时责成其向党中央、国务院作出深刻检查。对年度目标任务未完成、考核不合格的市、县，党政主要负责人和相关领导班子成员不得评优评先。对在生态环境方面造成严重破坏负有责任的干部，不得提拔使用或者转任重要职务。对不顾生态环境盲目决策、违法违规审批开发利用规划和建设项目的，对造成生态环境质量恶化、生态严重破坏的，对生态环境事件多发高发、应对不力、群众反映强烈的，对生态环境保护责任没有落实、推诿扯皮、没有完成工作任务的，依纪依法严格问责、终身追责。

思考题

1. 我国人口管理制度改革的方向是什么？
2. 如何创新城市建设投融资体制？
3. 加强生态环境保护可以从哪几个方面入手？

参考文献

1. 《习近平谈治国理政》第 2 卷，外文出版社 2017 年版。
2. 《习近平谈治国理政》第 3 卷，外文出版社 2020 年版。
3. 楚天骄、王国平、朱远等：《中国城镇化》，人民出版社 2016 年版。
4. 吴缚龙、宁越敏：《转型期中国城市的社会融合》，科学出版社 2019 年版。
5. 周干峙：《探索中国特色的城市化之路》，《国际城市规划》2009 年第 S1 期。
6. 楚天骄、谭文柱：《快速城市化进程中的城市规划和城市管理》，人民出版社 2012 年版。
7. 宁越敏：《世界城市崛起的规律及上海发展的若干问题探讨》，《现代城市研究》1995 年第 2 期。
8. 张景秋、孟醒、齐英茜：《世界首都区域发展经验对京津冀协同发展的启示》，《北京联合大学学报（人文社会科学版）》2015 年第 4 期。
9. 楚天骄：《新常态下产城融合的总体思路与实现路径研究》，《中国浦东干部学院学报》2015 年第 3 期。
10. 楚天骄：《城市转型中新加坡 CBD 的演化及其启示》，《现代城市研究》2011 年第 10 期。
11. 国务院发展研究中心课题组：《农民工市民化进程的总体态势与战略取向》，《改革》2011 年第 5 期。
12. 马晓河、胡拥军：《推动一亿农业转移人口市民化的政策建议》,《经济研究参考》2018年第24期。

13. 谭崇台、马绵远:《农民工市民化:历史、难点和对策》,《江西财经大学学报》2016年第3期。

14. 楚天骄:《城市化地域扩张的一般机制研究》,《经济地理》1998年第6期。

15. 楚天骄:《东西部小城镇生长机制中制度因素的比较研究》,《中州学刊》2002年第1期。

16. 张车伟、蔡翼飞:《中国城镇化格局变动与人口合理分布》,《中国人口科学》2012年第2期。

17. 纪韶、朱志胜:《中国人口流动与城镇化格局变动趋势研究》,《经济与管理研究》2013年第12期。

18. 关兴良、魏后凯、鲁莎莎、邓羽:《中国城镇化进程中的空间集聚、机理及其科学问题》,《地理研究》2016年第2期。

19. 宁越敏、武前波:《企业空间组织与城市—区域发展》,科学出版社2011年版。

20. 楚天骄:《经济全球化背景下区域产业分工与合作的动力机制》,《中州学刊》2010年第2期。

21. 楚天骄:《长江三角洲区域产业分工与合作模式研究》,《中国浦东干部学院学报》2014年第4期。

22. 楚天骄:《长三角地区制造业结构演化趋势研究》,《世界地理研究》2010年第3期。

23. 楚天骄:《自由贸易试验区建设与长三角区域经济一体化》,《中国浦东干部学院学报》2013年第6期。

24. 张谦益、楚天骄:《区域可持续发展的理论现状研究》,《中国人口、资源与环境》1997年增刊。

25. 张俊军、许学强、魏清泉:《国外城市可持续发展研究》,《地理研究》1999年第2期。

26. 王雨飞、王光辉、倪鹏飞：《中国城市可持续竞争力水平测度研究》，《经济纵横》2018年第9期。

27. 马武定：《城市化与城市可持续发展的基本问题》，《城市规划汇刊》2000年第2期。

28. 李秉仁：《关于我国城市可持续发展若干问题的思考》，《城市发展研究》1999年第4期。

29. 楚天骄：《乌托邦产生前的阵痛：关于在澳大利亚建设一个国际性、高技术、持续发展城市计划的大辩论》，《地理译报》1996年第4期。

30. 楚天骄：《跨国公司研发全球化与我国区域创新体系建设》，《软科学》2008年第5期。

31. 楚天骄：《上海建设全球科技创新中心的目标与政策体系》，《科学发展》2015年第3期。

32. 楚天骄：《智慧城市理论前沿与实践进展》，人民出版社2017年版。

33. 楚天骄：《我国智慧城市建设面临的七大问题及其解决路径》，《中国浦东干部学院学报》2014年第4期。

34. 楚天骄：《借鉴国际经验，建设面向未来的智慧城市——"十四五"期间上海智慧城市建设目标和思路研究》，《科学发展》2019年第9期。

35. 陈炎兵：《实施乡村振兴战略 推动城乡融合发展——兼谈学习党的十九大报告的体会》，《中国经贸导刊》2017年第34期。

36. 王喜成：《以乡村振兴战略带动实现城乡融合发展》，《区域经济评论》2018年第3期。

37. 张晓山：《改革开放四十年与农业农村经济发展——从"大包干"到城乡融合发展》，《学习与探索》2018年第12期。

38. 赵泉民、楚天骄：《农业产业化经营中的政府行为分析》，《上海农村经济》2005 年第 5 期。

39. 楚天骄：《土地流转模式及其规范化研究》，《上海综合经济》2002 年第 4 期。

40. 何立胜、楚天骄：《以"主体功能扩展"实现城乡协调发展》，载冯俊、王金定、刘靖北主编：《中国特色社会主义最新实践案例》，党建读物出版社 2013 年版。

41. 孙文凯、白重恩、谢沛初：《户籍制度改革对中国农村劳动力流动的影响》，《经济研究》2011 年第 1 期。

42. 王美艳、蔡昉：《户籍制度改革的历程与展望》，《广东社会科学》2008 年第 6 期。

43. 宋立根：《地方政府城市建设投融资现状、问题及对策》，《地方财政研究》2009 年第 2 期。